韓氏意拳の哲学
【増補新版】

FLOW

[監修]光岡英稔

尹雄大
Yoon Woong-Dae

晶文社

装丁——岩瀬聡

はじめに

「何かについて考える」というと、対象となる「何か」について思考することが「考えることだ」と思いがちだ。しかしながら韓氏意拳について考え出すと、武術としての範囲を越え、自分や自分を取り巻く世界についても考えざるを得なくなってしまう。

この本は、日本で韓氏意拳の指導をしている光岡英稔《みつおかひでとし》師への取材と、意拳の創始者・王薌《おうこう》齋《さい》の高弟だった韓星橋《かんせいきょう》師の子息であり、韓氏意拳の始祖でもある韓競辰《かんきょうしん》師に尋ねたこと、また私自身が韓氏意拳を稽古する中で得た感慨に基づき書いていくつもりだ。

韓氏意拳について考えることは、とてつもなくスリリングだと思いながらも、ずっと書きあぐねてきたのは、知れば知るほどわからないことが増えてきたからだ。稽古を始めて三年程度では理解できないことが圧倒的に多いというのもあるものの、それよりもっと根本的な問題は、「それは〜だ」といった言葉で明確に言い切っていくことを韓氏意拳は阻むからだ。

わからないことに出会って、それをわかっていくには、何かにたとえたり、なれ親しんだ概念に引き付けて理解していくのが定石だ。けれども韓氏意拳の場合は、既に知っている事柄に置き換えた途端、それが意味しているものとまったく違うものになってしまう。俯瞰で眺めることもマッピングすることもかなわない。森が深いことはわかっても、まるで道が見当たらない感じに似ている。

あらかじめ言っておくと、この本では「強くなる方法」や「手足の角度や動き方といった技法のポイント」「健康に役立つ」といった実用に沿った内容を紹介する考えも、光岡師や韓競辰師の来歴を詳しく書くつもりもなく、「韓氏意拳とは何か？」について終始考えながら、また感じたことを書いていくつもりだ。

なぜなら韓氏意拳は「韓氏意拳とは何か？」という問いの中にしか見出せないもので、外形を紹介して、その上辺を理解し、真似たとしてもそれは韓氏意拳ではないからだ。大事なことは、そういう言い切りや具体性の中にはない。

そもそも韓氏意拳が伝えようとしているのは、必勝不敗の技法ではなく、「武学」という哲学であり、そこに具体性のある技法はありはしても、理解が伴わないと使えない。しかも技法は韓氏意拳が考えている哲学――世界をどのように捉えるか――を表す方便に過ぎない。「韓氏意拳が考えている」とは妙な表現ではあるが、韓氏意拳という運動がそういう思考を促す。

哲学と聞けば体系化され、整然として、順序さえ間違わなければ段階を経て理解できるイメージがある。けれども韓氏意拳の学理は矛盾した表現も多く、言葉の前後だけを見れば辻褄があわないこともある。また、これまで経験したことのない「未知」の把握を要求するため、言葉を逐次追うだけでは把握できない。

そのため、この本では同じ言葉をくり返し使っても異なる事柄を指し、または同じ事柄を別の言い方で何度も述べていくことになる。

つまりは何かを発見するというよりは、すでに備えている認識のあり方を問うことになるだろう。

増補新版

FLOW——韓氏意拳の哲学

目次

はじめに――005

第1章
韓氏意拳は武学を目指す――017
王薌齋はなぜ不敗と言えたのか――018
具体性を求めれば誤る――021
世界は淀みなく運動している――025
意拳は道を表す手段に過ぎない――029
型は人の能力を限定する――031
武学という概念――034

第2章
感覚は世界をリアルに伝える――039
人為的につくられた癖を人はありのままの自分と呼ぶ――040
形体で自分の身体の動きを取り戻す――042
伸びやかな動きが躍動をもたらす――049

経験は自信に結びつくか？――051
わからないからよく動ける――053
感覚はリアルさを正確に伝える――055
言葉による思考は世界を二次元に縮小する――058

第3章

確認から体認へ

確認から体認へ――061
感覚がいちばん自分を騙す――062
部分的に正しいから誤りは埋まる――065
身体の構造に嘘はない――068
運動というＦＬＯＷを知る体認――071
雨音を知るような感覚――076
実感を持つと体認は失われる――078
緊張することには何の意味もない――083
認識を捨てたとき世界はその姿を現す――086
未知のことがらを人は既に知っている――088

第4章

站椿——能力を求める仮の方法——093

難解だった王薌齋の指導——094
站椿は身体構造を理解するための手段——097
絶対のセオリーはセオリーとしては存在しない——100
意拳は存在を科学する——104
韓氏意拳の站椿——107
站椿の理解には新しい運動の概念が必要——112
知ろうと望むことを放棄する——117
教学同一というコミュニケーション——118
站椿は名指しできない何かをそっと感じ続ける——121
抱とは物理的変化の起こる臨界状態を指す——125
心は多面体でできている——128
勝敗は、力ではなく能力がわける——132
意念ではなく一形一意で動く——136

緊張と弛緩は意造が生み出す——142
習慣化は自然といえるのか？——145

第5章

時間と記憶——151

記憶とは捏造である——152
人は世界を自我のバイアスに従って見ている——154
思い返される痛みの記憶——158
自分の中に仮想敵をつくらない——161
理解したことに真実はない——165
善悪を立てる自己を捨てる——168
時は流れない——171
茶の味にはそれぞれの味がある——173
因果はあってもなくても一緒——176

第6章

限りない自由を得るために

限りない自由を得るために——181
現実とはただそうあること——182
ただの自分のいる場所——186
この一動は何のためにあるか?——192
意拳はあくまで自己の開放を目指す——194
巻末対談 私たちはどこへ戻ればよいのか 光岡英稔×尹雄大——201
おわりに——217
参考文献——219
解説 韓氏意拳は身体のマニュアル化に抗う 甲野善紀——221

――この一動は何のためにあるか　王鄭斎

第 1 章

韓氏意拳は武学を目指す

王薌齋はなぜ不敗と言えたのか

意拳の流祖、王薌齋《おうこうさい》はこう言った。

「私の動きは中国が四千年の間に育んだ老荘、仏学といった思想、哲学を体現しているだけだ。だから負けることはないだろう。もし私が敗れることがあれば、歴史が覆されることになる。しかし、私が負ける日が来ても、それはそれで素晴らしいことだ。なぜならこれまで積み上げてきたものより、さらに素晴らしいものが存在する証なのだから」

王は一九六三年、七七歳で亡くなるまで、国内外の多数の武術家と手を合わせ、その実戦の力量から中国を代表する「国手」といわれた人物だ。

「立ち会いではすたすたと歩みよるだけで、触れた瞬間に勝負が決まっていた」

そんな王の破格の強さを示す逸話には事欠かない。王の高弟だった韓星橋《かんせいきょう》師は「目の前にいたと思ったらもうその場にいない。あれほど速く動ける人を生涯見たことがない」と回顧するなど、超絶ぶりを表す話には枚挙にいとまがない。

早とちりする人であれば、王の「敗れることがない」という発言に慢心を見いだすだろう。言葉の表面ではなく、言わんとしていることに耳を傾ければ、ポイントは狭い範囲の「私」にないことに気づくはずだ。「私は強いから敗れない」ことが、この話の眼目ではない。

「私」とは四千年前からいまに至るまで連綿と続き、総称として中国と呼ばれるものを表現した何かでしかない。王の言う「私」は決して現代人が想うようなセルフイメージに縮小されてしまう自我ではなく、「私」は私よりも大きい世界を表す仮借でしかない。

それでいて四千年という時空を、まるごと身体を通じて表現する能力を「私」は持っている。自分の能力を最大に発揮したとき世界を表象する力が宿る。彼はそう言っているのだろう。

王の書き残した文章や発言からうかがい知れるのは、彼の打ち立てた意拳は、武術と聞いてイメージされるような、具体的な攻防技術の会得を最終的な目的にしているのではないということだ。あくまで人の持っている力、「能力」を最大限に表現することを目指している。

拳術と聞くと、とかく相手を打ち倒す技法だという先入観があるだろう。意拳をそういう出来合いの印象に引き寄せて理解する必要はまったくないということをまず知っておいて欲しい。

これまで「能力」という語を幾度か用いたが、現代人の思い浮かべる「能力」といえば、論理的に物事を考える明晰さだったり、ビジネスにおける実務処理能力やクリティカル・シンキング、あるいは対人関係を円滑にするコミュニケーション能力、アスリートのように速く走ったり、高く跳んだりできるような身体的な能力など、それぞれ特化した具体的な方向性を持っているだろう。どちらかと言えば、その人の総体と関わりがない。人格と結びつくというよりも、ある状況で役に立つ力を指すことが多いだろう。

人は日常を送る中で、見たり、聞いたり、しゃべったり、腕力を使ったり、思考したり様々な力を使っている。しかし、生きているという現象は兆の数の細胞が片時も休むことなく、しかも考えの及ばないところで正確に働いており、そうした事実からすれば、見たり、聞いたりといった力や意識的に使える筋力など具体的に発揮できるのは、あくまで能力の一部であって、いま現に人が生きていることに費やしている能力全体ではない。

特にいまでは、数値化できる力を能力として数え上げる傾向が強いのだが、それは能力の一部に過ぎないことが意外と忘れられている。

視聴覚や思考の明晰さ、感覚の鋭敏さもあくまで能力の部分でしかないのだから、全体を全体として余すことなく全面的に発揮させたとき、能力はその本来の姿を表す。これが王のつくった意拳の目指すところであり、王の衣鉢を継いだ韓家の伝える韓氏意拳もまたそうだ。

そういう意味で、韓氏意拳は何かのために特化された具体的な技術を身に付けることを目的にしていない。それでは能力を狭めてしまうからだ。

具体性を求めれば誤る

学業や営業における成績向上を図ろうとすれば、目標を置いて、それを達成するための具体的な手段を考え出し実行するだろう。そうすれば失敗するにせよ成功するにせよ、結果は明瞭になる。手段に具体性を持たせることの利点はそこにある。無数にあるアプローチの中からひとつを選べば、努力の方向性ははっきりするからだ。そこでは手段は限られ、単一化されているものの、それなりの結果がもたらされると、その結果だけについ目を奪われ、単純化された手段で得られた物事がすべてであるかのような錯覚に陥る。

たとえば不眠不休で働いて、その苦労が実を結んだとしても、それを成功の法則として周囲に「だからおまえも同じ苦労をせよ」と強いることに汎用性はない。結果がもたらす具体性に足をとられてしまい、その人の苦労は目的に向かう上での手段のひとつでしかなかったことに当人も気づけなくなる。

王は「一具体便是錯（具体性を便りにすると錯《あや》まる）」と言ってのけた。驚くべきは、手段はあくまで仮借であって、そこに「こうすれば確実にこうなる」といった、「寄りかかることのできる確かな具体性を持たせてはいけないと」と明言していることだ。

具体化しては「能力を限定してしまう」からだ。どういうことかと言えば、たとえば拳を打つことを「相手を倒すための技法」としてのみ捉え、「AからBまで拳を動かす具体的な形」として受け取ることと、拳の打ち方は「能力の現れの仮の手段」と把握するのでは、同じように見えてまったく異なる。

韓氏意拳では、打撃などの具体的技法はあるようでない。かといって、ないわけではない。人から見て「攻防のための具体的な動き」があるように見えても、それはあくまで能力の表現された「ある状態」でしかない。

拳を打つとして、「どれだけ力のこもった打撃ができたか」といった結果だけを問題にすると、拳を硬いものに打ちつけて鍛える。または拳を構えたミットに叩き込み、どれだけ人が衝撃を受けたかで打撃の強さを測定するという具体的な手段と結果を求めるようになる。

結果に目はいっても、そこへ至る過程において「どういう状態が表現されていたか」を考えることはあまりない。けれども本当に効く打撃は、サンドバックが大きく揺れるだとか、わかりやすい結果を求める練習で得られるような実感はなく、手応えのないものだったりする。

「ボクシングの試合を見ていても何百発と撃ち合っても倒れないのに、小手先に見えるパンチでKOしてしまうシーンがあります。それをラッキーパンチと見るか、理にかなったパンチだったから倒れるべくして倒れたと見るかで、結果を求めるかプロセスを求めるかの別れ道になります」と光岡英稔《みつおかひでとし》師は言う。

そこで思い出すのは自分の乏しい経験だ。私は好事家のレベルではあっても、かつて一〇年近くキックボクシングを学んでいた。実際に打ち合う練習できれいに相手を倒せたのは、力感のある突きでも蹴りでもなく、拳足を何気なく出したときだった。

「何気なく出した」というのは、「こういうふうに打とう」とか「倒してやる」とも考えない。ようは自分が何にも囚われていないで、「ただ出した」ということだ。何気ないパンチで相手が倒れたとすれば、それを「まぐれ」として片付けてしまいがちだが、そう言い切ってしまうと事実を取り損ねている感じが残ってしまう。

力が入っていないにもかかわらず相手が倒れた。それがまぐれなら、何が偶然そこで起こったのだろう。というよりも、そもそも偶然で人が倒れるものだろうか？　必然的な行為だったから物理的に立っていることができなくなった。そこにまぐれの要素はない。

何も考えることなく、自分に囚われていない状態を相手に伝えることが、最も効果的な結果として表れている。それはいわゆる力をぶつけるイメージとはまったく異なっている。何の拘束感もなく、具体的な実感がまるでない過程を伝えることが、相手には衝撃として感じられているという事実がそこにある。

よく考えれば「実感がある」とは「誰にとってか？」といえば、相手ではなく自分に対してだ。自分が手応えを覚えられる範疇の動きならば、そう大したものではない。

韓競辰《かんきょうしん》師はよく「動作を覚えても能力は養われません。ただ自分が持っているものを表現すればいい。表すべきものは、本来持っている能力です」と言う。ここからわかるのは、「拘束感がなく、ただ行う」ことが、人の本来持っている能力を表す状態になっているということだ。

王が明言した「具体性を便りにすると錯《あや》まる」とは、「これが効果的だ」と考えてつくった単一的でパターン化した動きを覚えても、自分の可能性を限定することにしかならないということを指している。

「単一化しない」と言葉にすれば簡単に聞こえるものの、本人はそうしていないつもりでも、「こう動こう」「こうすれば合理的なはずだ」と思った時点で単一的なパターン化の罠に陥っている。技法は能力の可能性を表す手段であって、求めるべき結果ではないと言ってもなかなか難しい。

韓氏意拳では、定型化した特別な奥義や高級な技法というものはなく、当人がそれを表す高度な状態にあれば高度なことができるとしている。技法を抜き出し、それだけを具体的に学ぶことはできない。できる状態にある人はただそれができる。ただそうあることができる。「ただそうある」というのは、あれこれ考えることなく自然にできるということだ。人は成功や失敗など多くの経験をすることで認識を得ていくが、それに比例して「ただそうある」ことが難しくなってしまう。

もちろん経験によって認識は高まりはしても、認識はあくまで断片的なものの見方に過ぎない。経験した全てのことを捉えているわけではない。一般的に経験が能力を磨くと思われがちだが、経験こそが能力の発揮を妨げる要素にもなると韓氏意拳は考える。

世界は淀みなく運動している

経験によって得た認識を目安に人は世界を分別し、名付け、数え上げていく。それらを自分の身体に刻んで行くことで人は概念を知り、共通認識を得て社会化されていく。

幼子は概念にしたがって世界を見る術に馴染みがない。やがて手という言葉を覚え、物心つくとともに左右という概念を知り、「箸を持つのは右手」などと規範に従って、身体を認識し、統御することを仕込まれる。そのことで左右差や癖がついていく。

分別による認識を基準にすれば、「手とは何か」といちいち考えずに済むわけだから、思考の効率は上がる。けれども、それは次々と生起してくる未知の事柄を想定の内にくり入れてしまうことでもあり、出来合いの升目に従って世界を分類し、穏健なものにしているだけとも言える。

そうした分類によって成り立つ社会がつい世界のすべてだと思ってしまえば、経験を深めていくことは、身ぶりを社会に合わせた振る舞いに適うよう修正していくことに他ならなくなる。だが、世界はそうした限定されるような閉じたものではない。

世界は彼方にあるのではなく、ここにまさに「ただそうある」という存在としてあるのだが、なかなかそれに気づけない。

気づけないのは、生きていると「生きているという事実」に狎《な》れてしまうからだ。「これも見た。それも見た。あれはこれと同じだ」と同定していくことを社会性のある判断であり客観的な見識だと思いがちになる。

認識し、概念を得て、言葉に巧みになるとは、世界の中の限定された姿でしかない「社会」で流通している考えに、効率よくつながることを意味しているとも言える。

眼前に花があって、その花の美しさについて巧みに語ることができたとする。しかし、経験的に知られた「花」について饒舌に語っても、花として名付けられる以前の存在「それ」について語ることはできない。しかも、それを花と呼ぶ以外の方法で、その存在について言うこともできない。

花を花と同定していくことは、存在を限定するということだ。限定するという暴力によって言葉は言葉として伝わり、客観性を獲得する。けれども移ろう世界は、決して客観的に名指してできない。

客観的な物の見方が金科玉条のように奨励され、そう言われるうちに「客観性が正しい」という考えに染められ、それを疑うこともなくなる。しかしながら、客観的だから正しいかどうかはわからない。客観性そのものには、正邪や是非はない。客観性とは、世界を既に知られた事実に収束していく認識だと言い換えたほうがいいのではないか。

道元は「空闊《ひろ》うして天に透る　鳥飛んで鳥のごとし」と言った。空を飛ぶ鳥が鳥である根拠は本当はなく、鳥が鳥のように飛んでいる。限定できないものが空にある。だからといって、それは幻ではなく、事実それは飛んでいる。

目の前で起きている現象は、そのつど出会う初めての何かで、「これはあれに似ている」と既知に置き換えることなど本当はできない。世界は淀みなく運動しているからだ。

だから韓競辰師は「同じ川を二度渡ることはできない」と、認識の陥穽について注意を払うことを要求する。

目前にいるのは見慣れた人でも、その人のことを本当は何も知らない。その人がこれから起こす運動の予測はつかない。「相手がこう打ってきたら、このように返す」とか「あの動きに対しては足はこうすればいい」というのは、経験がもたらす「かつてうまくいった」結果を思考し、形にして再現しようとしているわけだ。だが、人は過ぎ去った時を再現することとなどできない。

それに一般的な武道では、経験で得た動きの再現とともに分解という手法を取り入れている。単一的な動きを取り出し、くり返し練習して質を向上させるという方法だ。韓氏意拳はそれも否定する。気合いの入った集中した稽古であれ、リラックスした取り組みであれ、やり方の問題ではない。初めの一歩が間違いであれば、すべてが間違いであるという考えに立っているのは、単純化したものを集めても全体にならないからだ。

過去の経験を整理し、うまくいった法則を導き出し、それを単純にしてパターン化すれば、誰にも伝えられ、学ぶことができる。武道に限らず、生活全体がそんな発想に馴れている。仮に複雑な事柄を単一化できるとすれば、そこに揺らぎのない確実な法則があるのではなく、複雑で起伏に富んでいるはずの運動を平準化する眼差しがあるからに過ぎない。

韓氏意拳では、そうした認識を改めないことには、決して能力は養われない。「過去に得た経験をいまに当てはめる」という日常生活を送る上で、ごく一般的になっている認識の仕方の一切を捨てないと、決して段階が上がらない構造になっている。何かを得るのではなく、これまで身に付けたことを捨てないと稽古そのものが始まらない。

だから韓氏意拳について理解するには、王の教えに具体性を見出すのではなく、述べ伝えようとしている根本に注意を払わないといけない。つまりは、彼は何を人の能力としていたのか。

意拳は道を表す手段に過ぎない

「私の動きは中国四千年の歴史や思想、哲学を体現しているだけ」と王は言ったが、中国の思想、哲学が歴史の中で重きを置き、一貫して問うてきたのは「道」であった。王薌齋は、意拳とは「道」を表現したものであり、また「敗れることがない」というのも、自分の動きはものを落とせば落下し、朝になれば陽が昇るのと同じように、自然の法則に基づく運動に他ならず、そうである以上、穴がない、誤りがない、何一つ不自然なところがない、と思っていたことになる。

「道」とは何かと言えば、孔子が「朝《あした》に道を知れば夕《ゆう》べに死すとも可なり」といい、老子は「道の道とすべきは常の道にあらず」といった、あの「道」のことだ。

「論語」や「老子」を読んでも、道についてかいつまんで説明することはとうていできないのは、はっきりと「これが道だ」と示すことのできない概念だからだ。道について書かれたテキストを読んでわかるのは、道とは「あらゆるもの」を生み出し、生命に働きかける法則ではあっても、言葉によって把握できないことだ。「あらゆるものは『あらゆるもの』であるから、言葉で分節して表せない」というメッセージにテキストは溢れている。

意拳がその曰く言い難い「道」を表現しているなら、どういうことになるだろう。王は簡潔な言葉で表している。

「不求形骸似　但求神意足」

光岡師はこう訳す。

「『形骸を似るを求めず、ただ神意（能力）たるを求めよ』。すなわち形骸が似ることを求めるのではなく、神意（能力）を求めることに本質がある」

能力とは、人が「本来持っているもの」であるならば、それを人の内にある「自然」と呼んでもいいだろう。そう理解すれば、何となく「神意」の意味が照らし出される気はする。けれども「道」の説明として神意を示し、それを能力と訳した上で、その解釈に自然をあてても、「道」を解説するのに他の概念を持ち出しただけだ。それでも「道とは自然だ」と言えば、何となくわかったような気分にはなる。さらに「意拳は自然を表現している」と続ければ、ぼんやりとイメージは伝わるだろうが、同義反復しているだけとも言える。

「道」という曖昧な概念をはっきりさせようと思っても、いまでは「道」と聞けば「道を究める」とか「人の道にもとる」といったどこか堅苦しい道徳的な規範として理解される場合が多い。けれども、数千年間、哲学者が伝承し、思索を続けた概念をそうそう現代人の理解に引き付けてしまっていいわけでもない。

そもそもどの武術も不自然さをあえて追求したわけではないとすれば、意拳は「自然を表現している」という言い方は、意拳だけに成り立たないことになってしまう。王の言わんとする自然と他の武道や現代人が理解している自然とでは隔たりがあると考えるのが妥当だろう。

自然は私たちの目の前に「すでにあるもの」で、改めて「自然とは何か」を考えようと思っても、うまく考えられない。というよりも、考えるために必要な問いが立たない。

ただ、王は「神意を求める」と、意拳が手段だと述べているので、これを手がかりにするなら、着目すべきは意拳には型がないことだろう。

型は人の能力を限定する

王の創った意拳の最大の特徴は、従来の武術と違い型を持たないことだ。型をなくし、站《たん》椿《とう》という一見するとただ立っているだけに見える訓練法などを導入した。站椿については後述するが、さしあたって世間で理解されている站椿と言えば、「功力を練り、気やエネルギーをあげる」ためのいくつかのポーズを動かず保つことで、「生理的な動きを抑え、身体の微細な動きまで意識的に行えるようになる神経系の鍛錬である」といったところだろう。

意拳と異なり一般的な武術には流派ごとに様々な型がある。型の数が多いだけでなく「型とは何か」「型を通じて何が得られるか」についての解釈も多様で、日本でも「具体的な状況設定だ」とする人もいれば、「実戦そのものではない」という人もいる。型という言葉は耳目にずいぶん馴染んでいても、実際のところ「型から何を汲み出すか」の解釈は千差万別だ。けれども、「型は何を表現しようとしているか」についてなら、「攻防という場面で正しく合理的に身体を動かす」という解釈にまとめることができるのではないか。何をもって「正しさ」とし「合理的」とするかは、その流儀によるだろう。しかし、意拳はそうした型を捨ててしまった。

巷間、型を捨て、動かないでただ立つ站樁を確立したことで意拳は革命的であるとされる。「王薌齋は中国武術を集大成し、そのエッセンスを站樁として取り出した」とも言われ、それゆえ「革命的だ」と表現されがちだ。それは乱暴な話で、そもそも実際に王が習得、研究したのは形意拳をはじめとした武術であり、すべてを網羅したわけではない。

型を捨てたからただちに意拳は武術のエッセンスを抽出できたほど安易ではないし、まして膨大な規範を站樁として「具体的に表した」から革命的なのでもないだろう。「捨てた」「何かを得た」という事実は確かにあるだろう。だからと言って「捨てたから得られた」とそれらに因果関係を見出しては、王の言った「神意を求める」の意図をつかみ損ねる。

意拳は革命的な武術であるというよりも、武術そのものの革命というのが正確ではないか。これは単なるレトリックではなく、「従来の武術の概念の外に出た」という意味だ。だから型を捨てたことが大事なのではなく、捨てたことはあくまで過程であり、また捨てたことで必勝不敗の法則を得たのでもない。

捨てたことは何かにいたる途上だというのも、現に王が目指そうとしたのは新しい流派の創設ではなく、武学あるいは拳学と称する理論の追究、構築だった。韓星橋《かんせいきょう》師は王が「意拳は学問である」と話すのを幾度となく聞いたという。また、そうした王の教えを受け、韓氏意拳では「意拳は科学でなければならない」と考えている。武学は自然を理解していく学問であり、意拳はその方法論である。人の持つ本来性や自然を探求する手段が意拳である。

韓氏意拳では站椿は重視されはしても、それも武学を理解していく方便のひとつに過ぎない。「站椿をがんばって長時間行えば功力が得られる」「脚力の鍛錬やリフクゼーションを求める」といった具体的な拠り所にした瞬間、求めるべき能力は失われ、武学の追求は潰《つい》え、意拳と似たような別のものになる。

武学という概念

これまで武術や武道、武芸という言い方はあっても、王が唱えるまで武学あるいは拳学という言葉は存在しなかった。確かに武が学問だというのを奇異に感じるかもしれない。それまでなかった概念なのだから不思議に感じて当たり前だ。

意拳は既に知っているものに引き寄せて理解することはできない。武学は、新しい概念であり、具体的な方法の列挙で仮想敵を打ち倒すことを問題にしていない。あくまで能力を養うことを目的にしている。

「武の原点は、非常に残酷な殺戮の中から生まれてきたものです。意拳が特徴的なのは、そうした普通の武ではなく、学として武を取り上げたことです。ほかの分野では、たとえば数学や物理学というふうに学という言葉を使っていました。武は学ではなく術として技術的な要素を重視し、もしくは『師の通った道を歩きなさい』といった意味でのあらかじめ定まった『道』を説いてきました。どう考えても師匠個人の我でしかない印象を受けます。

いまの武道の指導法を見ても、『みんな同じように先生の真似をしてください』という教え方が一般的なわけです。これが学問だったらそうはならずに、実証実践を求めます。それは相手に優位を示すのではなく、本質を求めるからです。意拳は身体を使って学になっているかどうかを立証します。だから拳を交えることで本質を求める。ここでいう本質とは自然のことです」

そう光岡師は話す。

意拳が科学だというのも同じ理由だ。意拳は自然を探求する上で仮説を提示し続ける「進化するプロセス」であり、行っていることが正しいかどうかを検証するために稽古し、拳を交える。

人は知識や経験をもとに物事を分別していくことを能力とみなすが、「自然に感じる力」を失った分別はそれほど信頼に足るものだろうか。そこで「人にとっての自然とは何か？」の検証——意拳においては実践——が必要になる。

拳を交える実践は、検証という意味で大事ではあっても、こだわるべき問題ではない。これは「勝ち負けに一喜一憂しない」という物言いで表されるような美徳を奨励しているのではなく、結果に束縛されると「うまくいった形」という形骸を求めることになるからだ。「進化するプロセス」が目指すのは、能力の探求であり、終わりのない体系であり、決して限定されない学である。

韓氏意拳では武学を「人が自然に還っていくための学」であり、「人が本来持っている能力を全的に発揮するための学」と定義している。だから、武学は意拳創始者の王薌齋よりも上位にあり、それを発展継承していくところに真価がある。

能力という言葉をこれまでくり返し使っているが、改めて言うと能力とは人が本来持っている自然、つまりは素質といってもいいものだろう。素質とは、「生まれつき持っている性質」であり「可能性」を意味するのだが、このふたつの結びつきは、実はすごいことだ。

可能性とは、外部から何かが付け加えられて「達成される」のではなく、その人にあらかじめ備わっている能力が、ただ最大限に発揮されることを指す。ようは「潜在した事実」のことだ。時間的に先にあるはずのものが、現在に既にあることを示している。だから、持っているものをそのまま発揮すればいい。にもかかわらず、人は生きている中で様々なことを経験するうちに、それができなくなる。

そうなると定型化した物の見方や動きを反復することで経験を得ようと努力することの問題は、いま既に持っている能力そのものを省みないことにあるだろう。素質とは自分と関係ない外部や時間的に先にあるのではなく、自分の内と現在にある。

素質はもともと存在し、この先何かになる可能性を孕《はら》んでいる。それは「いま」のことでもあるし、未来のことでもある。つまりは、生きているという運動そのものであり、だから武学では生命現象についてより深く学び、理解することが求められる。

意拳が革命的なのは、型がないという外形の現象にはない。人為を退け、人の能力を思考によって限定せず、形ではなく実質を追求することで最高度の能力が発揮する法則を体現しようとするところにある。その法則とは、考えて作り出すものではなく、ものを落とせば落下し、朝になれば陽が昇るのと同じような、運動にまつわることであって、思考で練られたロジックではない。ただ、目の前に現れる、あるいは身の内にある自然の法則を求める。

意拳の革命性は、終わりがなく絶えず書き加えられ、更新される体系「武学」を学ぶことで法則を知ろうとすることにあるのではないか。

武学は形式ではなく、ただ法則を求める。前者は思考の産物、後者は自然の別称だ。自然を求める。それが王薌齋の創始した意拳であり、その志を継ぐのが韓氏意拳だと私は思う。

第2章

感覚は世界をリアルに伝える

人為的につくられた癖を人はありのままの自分と呼ぶ

「韓氏意拳の学習には三つの段階があります。一つ目は自然を探し、見つける。または自分自身を見つけます。この段階では自分には何があるか、何を持っているかを探します。二つ目は、自然あるいは自分とは何かを把握し、それを理解して認識します。三つ目は、自然または自分をいかに応用するか。つまり最終的に一〇〇パーセント自分自身を表現することを目指します。

だから訓練によって外から特別な何かを身体に付け加えたり、取り入れるのではありません。また自分の身体を部品とみなしたり、梃《てこ》や歯車の組み合わせだと考えるのでもありません」

韓競辰師が韓氏意拳を学ぶ上での段階についてそう話すように、意拳の稽古はいわゆるトレーニングのように筋力を増強したり、もしくは特殊な練功法で身体を鍛えることはしない。ただ身体の自然を探すことを主眼にし、自分の能力を見つける。つまり「得る」のではなく在るものを見つける、または見出す。

当たり前だが、人は何かに変身できるわけではなく、ただ自分自身になることができるだけだ。それを「本当の自分」と言ってしまうと、いまでは自己啓発のように感じたり、新興宗教の文言に見られるような臭みのある言葉に捉えられる。しかし「本当の自分」は題目を唱えればなれるわけでもなく、ましてそれは「理想の自分」といった想像の産物でもない。「本当の自分」とは「ただの自分」でしかないものだ。

それは、まだ出会ったことのない未知の自分であり、過去にも現在にも存在した自分でもある。結局のところ自分は常に自分でしかない。そして自分に出会うことが難しいのも、また自分自身のせいでもある。経験によってつくられた自己が自身を疎外しているからだ。

誰しも「自分の身体の自然とは何か?」と問われたら、いまある「ありのまま」の身体を指すだろう。けれども、「いま」がありのままではありつつも、そうでないのは身体という予め与えられた構造に経験によって生じた後天的な癖がついているからだ。

誰にも身体の癖はある。しゃべる時に顎があがる、肩を怒らせて話す、人に対して斜めの立ち方でしか向かい合えない。身体の癖は、生活慣習が作り出したものだ。だからその人が普段何を考え、どういうふうに暮らしているかが如実に反映される。

「身体と心は同じ」とは道徳的に捉えられがちな言葉だが、「身心一如」とは即物的なものでもある。

そこで韓氏意拳ではまず形体《シンティ》という訓練法によって、経験的につくられた不自然な自己を認識し、身体の癖を知っていく。人は自分の得意とすることに根拠を持ち、それに寄りかかろうとするが、そうした癖は後天的で人為的な能力の偏りにほかならない。だから「自分自身を発見する」とは観念的な自分探しではなく、あくまで生きている身体の自然を探し、見つけることになる。

形体で自分の身体の動きを取り戻す

形体訓練は、前擺《チェンバイ》、後擺《ハオバイ》、玉鳳飛翔《ユィーフォンフェイシャアン》、川掌《チュアンジャン》、横向《フォウンシャン》、蹲起《ドンチー》、前跪《チェンクェイ》から構成されており、外形について述べると、最初の動きである前擺、後擺は前後に左右の手を交互に振る。動作としては、たったこれだけでも、あくまで生理的に無理のない運動の範囲で動かすことが重要で、振ろうとするのではなく、ただ前後に振る。

玉鳳飛翔は手を前へ伸ばし広げ、後ろへ回旋させる。伸ばして・広げて・回旋させるといったラジオ体操のような区切りを設けず、滞りなく動く。また伸ばそうとするのではなく、ただ伸びやかに伸ばす。

川掌は掌を前方に出す。自分の鼻先の高さまで掌は上がり、一見すると指先で突く穿掌に見えるが、これも突くのではなく、ただ前へ出す。

横向は左右へ身体を旋回させる。ただし腰を捻って特定の部分に負荷を与えるのではない。蹲起はしゃがむ動作だがスクワットのように膝や股で上下するのではない。そうした力感を自分に与えてはいけない。

最後の前跪はしゃがんだ姿勢から地面に膝をつけるような動きを行うが、反動をつけて揺り戻すのではない。

すべての動きには前後、上下、左右、旋転の運動が含まれており、形体には人体に可能なあらゆる動きが見て取れる。

韓氏意拳の初学では「自分の体がいつ、どこで、何をしているか」を動きの中で学んでいく。大事なことは、形を覚えることでも、手順をなぞることでも、正確に慎重に行うことでもない。伸びやかな感覚で動くことによって「最大有効範囲」を理解し、そこから「身体構造の運動」に伴ってただ行うことを学ぶ。

中国語で伸びやかさを「舒展《じょてん》」という。「舒展・最大有効範囲・身体構造の運動」は別々の要素ではなく、同じ現象を別の名で呼んでいるだけで、すべてはリンクしている。

たとえば無理をして手を伸ばすことはできたとしても、それは最大有効範囲を越えた最大稼働範囲の動きになり、伸びやかさは失われ、肩はひきつれ緊張する。つまり身体の構造に伴わない、生理的に無理な動きとなってしまう。

「自分の体がいつ、どこで、何をしているか」など簡単で、手を振ることくらい誰にでもできるのではないかと思うだろう。実際にやってみると前擺も「ただ手を振る」ことにはなら

01
前擺

02
後擺

03
玉鳳飛翔

04
川掌

05 横向

06 蹲起

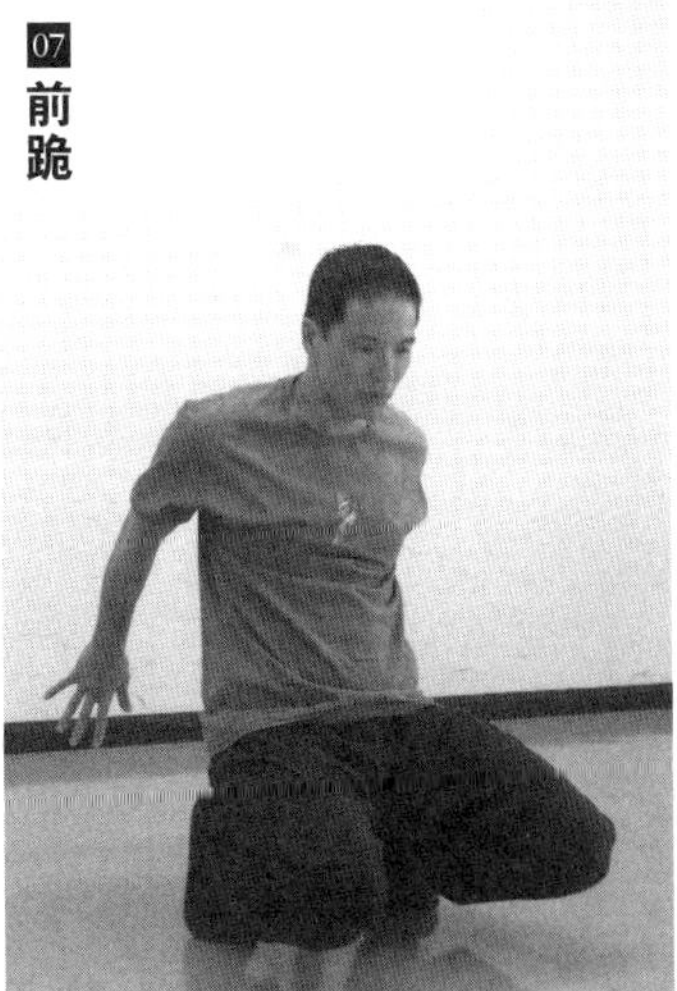

07 前跪

ない。特に初心者は以前行っていたスポーツや職業で身についた動きが表れる。

手を前へ振る動作ひとつとっても、膝や腰、肩の動きのどれかが余計に動き過ぎる。あるいはどこかがあまり動かないといった偏りが生じ、動き過ぎのところは筋肉が強張り、痛む。自分の手、腕でありながら、自分の構造に伴わない動きを日常的に行っていることが形体を通じて明らかになるのだ。

私の場合はキックボクシングの経験があったせいで、形体を習い始めた頃、前擺も肩を支点にして腕を振ってしまい、ただ前へ手を出すことができなかった。何とかしようと回数を重ねても肩の筋肉が張ってしまうだけに終わり、「ただ動かす」ことの難しさに途方に暮れた。

身体の構造に伴う動きで言えば、解剖学的には腕は鎖骨で胴体とつながっている。だから肩を支点にパンチを打つという動作は、合理的に見えて実はイメージ上の偏った身体につけた癖でしかない。

肩を基点に振ってしまうことを何とかしようと考えてもまるで逆効果で、運動しているにも関わらず手先が冷たくなるなど血流も如実に悪くなってしまい、ただ伸びやかな感覚で最大有効範囲の動きを行うことがまったくできなかった。

手を前へ出すなら、余計な動作はせずに「ただ前へ出す」ことが最も効率のよい動きになる。そうした「ただ行う能力」を養うことが大事で、手を振るという形や具体的で単一的な技術動作を覚えることが重要でないのがわかったのは、ずいぶん経ってからだ。

話は少し脇へそれる。いま「ただボールを投げろ」と言われたら、多くの人は野球のピッチャーのような投げ方をしてしまうのではないか。一切のフォームを捨て去って投げることはうまく想像できないのではないか。

「想像できない」とうっかり書いてしまったが、想像というような「思い浮かべ、考える」ことは「投げる」ことと、本当は連関がないはずなのに、「ただ投げる」能力が「考えて投げる」ことと安易に結びついてしまっており、しかも想像という広がりあるはずの思考の運動が、実は身体の運動を限定している方向にしか使われていない。

野球のような投げ方が「投げる」ことと同一視されているのは、ピッチャーの投げ方が、ボールを投げるのに合理的だと思われているからだろう。とは言え、トルネードやアンダースローだとか、投法がひとつではなく様々にあるということは、野球の中ですら「唯一合理的な投げ方」は確定していないということだろう。それなら、どうして「ただ投げる」ことが、過去に見知った野球のフォームに限定される必要があるのだろう。

トルネードにはトルネード流の、アンダースローにはアンダースローなりの理屈とそれに沿った投げ方がある。それらを型というなら、人の持つ能力の現れのひとつである「投げる」

行為を型に押し込める必要はない。

能力を発揮するにはどうすればいいか？　という問いの立て方をすると身に付いた経験は足かせになってくる。

話を戻すと、私が形体を習い始めたての頃、動作を漫然とくり返すことに終始してしまっていたのは、それまでの経験のせいだった。

サンドバッグを息が上がるまで叩き、痛みを我慢して自分を追い込む練習をすれば何かが得られると思っていた。ただ回数を重ねるために動作を行っていたのは、努力というより怠惰だったと思う。なにより手段が目的にすり換わってしまっていた。

そうした努力は、いまはまったく重要ではないどころか弊害だと思うのは、ただの自己満足に過ぎず、しかも身体構造の運動を学ぶ目的をおろそかにするからだ。

韓氏意拳の初学は「自然を探し、見つける」ことが重要だと先に述べた。私は自然を探るどころか不自然な動きをあえて行っていたことになる。およそ知性と無縁の行為だったと思う。

伸びやかな動きが躍動をもたらす

「身体構造の運動」を文字の羅列で捉えると、何となくわかったような気になる。雰囲気はわかっても内実はよくわからない。それに形体を行うことで「身体構造の運動を把握」するとしても、それが「自然を探し、自分を見つける」というのなら、いっそう理解は難しい。「ただ手を振る」意味をつかまえることが、「なぜ自分を見つけることになるのだ」という疑問は素朴に浮かぶだろう。

「身体という具体性が存在する以上、人間の身体には原理と原則があります。その構造の運動を学ぶのが形体です」と光岡師は言うように、人体の原理からすれば、確かに首は三六〇度回りはしないし、足が三本あるわけでもない。あらかじめ備わっている身体の構造が無理なく、伸びやかにただ動く。形体で求めるのは、ただ動く自分。つまり「ただの自分」の行いだ。しかし、この「ただの自分」ほど見失われているものもない。

「現代の格闘技、武道、スポーツの選手の中に見られるのは、あるときは自信に満ちた自分がいても、あるときは自分がやろうとしていることに自信を持てなくなってしまう現象です。同じ内容を行っているにもかかわらずです。それは構造に対する理解が及んでいないからでしょう」

ここでいう「構造に対する理解」とは、「自分の身体にとって無理のない伸びやかでいられる運動に対する認識を深める」ことだろう。「運動している最中」の自分がどういう状態にあるかを把握するのが、恐らくとても重要なのだ。把握とは確認のことではなく、ただ自分が伸びやかであることを知るということだ。それは知ろうとして知るのではない。

先に韓氏意拳は武学であり、それは「自分とはいったい何か?」を問う生命現象についての学であると記した。「生きているとは何か?」の問いを立て、武学はそれを追求していく。そして、初学では形体によって「自分とは何であるか」を探し、見つけていくわけだ。

自分を探す上で、つい考えてしまうのは、「ありうべき自分」というものだろう。そういう理想は往々にして揺らぎのない完成されたイメージ、固定された自己像として脳裏に浮かぶ。

韓氏意拳の言う「自分を探し、見つける」は思い描かれた自分ではない。特別な自分ではなく、ただの自分である。ただの自分は、ただいまを生きる存在であって、それはまさに運動中なのだから、どのようなルートをとっているかも自分にははっきりとわからない。歩みを進めるにしたがい、そのつど風景が変わっていくような、いろんな物事が起きる運動そのものとして現れる。理想を思い浮かべ、それを自分に当てはめる行為には、そうした生き生きとした躍動はない。頭で思い描いた理想は無時間で動かないからだ。自分とはまさに生きている存在で、刻々と運動しているのだから、決して固定されるものではない。理想で自己を留め置くことなどできるわけがない。

「運動している最中の自分がどういう状態にあるか」をきちんと知ることが重要なのは、そこで「自分は生きて躍動している状態」かどうかを把握することが求められるからだ。身体が躍動していれば、舒展しながら予め持っている身体の構造にまったく逆らわない動きになる。というよりも伸びやかに無理がない動きでないと人は躍動することなどできない。

経験は自信に結びつくか?

「人は自分の身体がいつ、どこで、何を、しているかよくわからない。その事実を認めない限り、自信があったりなかったりする自分は何も変わりません。実際に打ち合う場面で、頭は〝大丈夫〟と言っても、身体が前へ出るのをためらうのは、〝私が私と思っている私〟は私ではなく、〝本当の私は私を理解していない〟ことを知っているからです。

前へ出たら私の理解していない不完全な自分が打たれるとわかっているのに自信を持って前へ進める人はいません。

まず自分がいかなる存在かを認識すること。自分は自分以外の何者でもないし、誰かが手や肩を動かしているわけではありません。自分の構造を理解することは、相手と戦う以前の問題です。自分自身の構造を理解せずに戦うことは、あまりにも自分に対して無責任な話です」

と光岡師が言うように、駄目な動きを何度やっても駄目なままだし、自信は獲得できない。ただ経験に自分を委ねても自信につながらない。身体はためらっていても、頭で「行け」と命じ、根性や気合いで前へ出て、それで結果を出したとしても、それではジャンケンの勝ち負けと変わりはないし、その程度の確率なら練習する意味がない。

そもそも自信は、経験を重ねれば身に付くものだろうか。経験の醍醐味は、何かを獲得することではなく、経験することで自分の中の馴れや向き合うことを恐れていた感情を削いでいくためにあるのではないか。ちょうど刃とそれを研ぐ砥石のようなもので、研ぐには絶妙の感覚を磨いていくことは必要でも、それは肩を怒らせたり苦痛に耐えて奮闘する次元とは違うはずだ。

むしろそうした実感できてしまう努力は、その人の中で確かな手応えとして感じられるだけで、本当に考えるべき事柄を考えないで済ませている。何より受け取るべき身体からのメッセージを歪めてしまっている。少なくとも痛んでいるという事実を「我慢」という抑圧で蓋をしても、「自分はがんばっている」という自己満足は得られても、身体的には不自然な動きをしていることに変わりない。向き合うべきことに向き合わないでいるわけだから、怠慢以外のなにものでもない。

形体によって「身体構造の運動を把握する」ことが「自然を探し、自分を見つける」になるのは、「やっていればそのうちできるようになる」といった時間の経過に自分を任せないからだ。

「身体構造の運動を把握する」は、「この瞬間において伸びやかに生きているか？」という問いを根底に潜ませている。そして「運動を把握する」とは、運動中に運動について考えることではない。ペンを使って字を書く最中、ペンの運動について考えない。人は運動について考えることはできても、運動の最中に運動それ自体を考えられない。言語化できない。言葉にできるのは、止まったものだけだ。

わからないからよく動ける

韓氏意拳を習いたての頃、雑踏で人にぶつからずに歩くのも稽古のうちだとどういうわけか思い込んでいた。自分の肩が相手にぶつかりそうになるのを避ける、といったことをしきりにやっていた。自分ではサッとかわしているつもりでも、肩を引いて、腰を少し沈めてといった「いま自分はこういう動きでかわしている」という手続きについての認識が張り付いている感じがいつもあった。そうやって言葉が動きに追い付いているということは、考えられた動きしかしておらず、とっさの動きではないから圧倒的に遅いということだ。とにかく凄くわざとらしい感じがしていた。

ところが、ある日、狭い道を歩いていたら、前から来た人とものすごく自然にすれ違うことができた。わざわざ「かわす」のではなく、ごく普通にすれ違うことができたので驚いてしまった。

思わず立ち止まってしまって、どうしていまの動きができたのか？　と考え込んでしまった。

そこで何となくわかったのは、いままでは近づいた相手の動きを予測して足を前へ出そうとしていて、そうなると身体のすべてが足の向けた方向一色に染められ、だから相手が予測を裏切る行動に出ると、タタラを踏んだり、ギクシャクしてしまっていた。

そうではなくて、「左へ行く時も右へ向けた運動が何となく働いている」といったような自分の動きを焦点化しないでいると、とても滑らかに動けるし、急に向きを変えてもバタバタしない。左だとか右だとか相手に合わせてわざわざ考えなくていい。

滑らかに動ける方法を知ったわけではなかった。足ひとつとっても、左右は確かに対立して存在しているにせよ、この対立関係は「あれかこれか」という限定を表しているのではなく、ただ左右という「対の概念」を示しているに過ぎない。そのことについて、身をもって知ったということだ。

つまり、対立はただの「対」で、左右の区別の「認識の仕方」でしかないのに、なぜ対立を争いとして捉え、「相手がこういう軌道できたら左（右）へ回避する」と固定的な運動を自分に課していたのか？　ということだ。自分の身体はひとつでありながら、わざわざ「足はふたつで、ばらばらだ」と思い込み、左右に争わせていたわけだ。なんと愚かなことだったかと思う。

対立は争いの原因になるかもしれないが、争いそのものではないし、運動を対で限定する必要はまったくない。それにまったく何も考えずにいたとき、わざわざかわすでもなく「何となく」すれ違うことができた。そのとき予測という思考の出る幕はなく、言葉が全然運動を限定していなかった。

感覚はリアルさを正確に伝える

少しも韓氏意拳について具体的に書いていないと思う人もいるかもしれない。けれども、韓氏意拳が求める認識についてしかこれまで書いていないし、そもそも認識が改まらないことには運動は理解できない。それにずいぶん抽象的なことを言っているようだが、よく考えたらわかるように、運動というのは、本当は単純化したり、具体的に考えて示すことなどできない。具体的な自転車の乗り方というものがあるようでないのと同じだ。つま先にかける体重の割合だとか、肘の角度だとか、部分に目を向け、数値を示したとしても、それで自転車が乗れるような乗り方になるわけではない。

誰しも初めて自転車に乗れるようになったときを思い出すとわかる。「なぜ乗れたか」を説明しようとしても、そのときの心持ちみたいなものしか表せないはずだ。「バランスがとれた」といった抽象的で、「何となく」といった頼りない感覚でしか表せなかったりする。けれど、乗れてしまったという事実は確かにある。

それらに共通しているのは言い難く、もどかしい感じだ。なぜというのも当たり前で、感覚というのは、「いま」の自分の状態をリアルに伝えるからだ。移ろう「いま」は確認したり、再現できない。「いま」を対象化することなど本当はできない。

「リアルに伝わる」とは、どういうことか。光岡師はこう言う。

「そこに間が、不純物がない状態で思考で対象化する余計な作業がないから、〝いま〟の状況が直接的にわかる。不純物がないから、考える間もなく感じ、わかってしまって、できてしまう」

それは能力が自然に発揮される瞬間でもあるだろう。

現代では感覚は曖昧で、思考で導かれたものが正しいという考えが蔓延している。「曖昧だから正確」で「考えるから誤る」場合もあることについてはあまり考えられていない。「曖昧だから正確」というと、こじつけに聞こえるかもしれないが、単なる事実に過ぎない。「熱い湯に浸かって、熱くないと言い張っても、感覚的には触れた瞬間、熱いことはわかる。わかろうと敢えてしなくてもわかってしまう。けれど、思考は嘘をつける」と光岡師は言うように、感覚には嘘がない。わかろうとしなくても、わかってしまうのが感覚だ。

この「感知する能力」は韓氏意拳を理解する上で重要なキーワードのひとつだ。稽古では「感覚の精緻さ」がとにかく求められる。それが自然を求める能力を養うツールになる。

「感知する能力が重要視されるのは、本能と直結しているからです。人は行ったことのない新しい環境に行っても、水のありかを感覚的に知ることができたわけです。人が地球上でここまで生きてこれたのも、そうした感知する能力があったからです。潜在的に身体は細胞ひとつひとつからして、生きようとしている。感覚で世界を知ることができる」と光岡師は言う。

感覚には嘘がない。嘘がないから正しいというわけではない。感知する力は生きる力と直結していて、ただ生きる方向に自然と働いている。

言葉による思考は世界を二次元に縮小する

光岡師はかつてハワイに住んでいた頃、八時間ほど站椿の稽古をしていたこともあったというが、いまでは単純に時間を費やしたり、回数をただ重ねる反復練習に否定的だ。八時間稽古しても感覚的に正しいのは一時間あったかどうかだったからだ。

「数をこなしたり時間を費やすことで動きは身に付けられると一般的に考えられていますが、そうではありません。まず正確かどうかを考えずにくり返すことは、たとえば科学や医療の世界なら考えられないことです。ある薬で人が死んだとして、一〇一回試せば一〇一人目の患者は生きられるのか。数をこなすのは、ちょうどそうした行為の中で正確さを求めるのと同じです。ただ現代の科学や医療にも問題はあって、それは結果に束縛されていることです。しかし、医療や科学の持っている、検証して結果を求めるという学問としての概念は大切です。意拳は学ですから」

結果は結果として重要であるが、そこにこだわると過程がおろそかになる。韓氏意拳の稽古で、まず求められるのは運動の過程における「感覚の精緻さ」だ。これは「感覚の精緻さについて考える」のではないし、「精緻に感じようとして感じる」ことでもない。感覚の精緻さが大事だと考えて求めることではまったくない。精緻さは求めるものではなく、結果としてそうなっている状態だ。

感じていることと、それについて考え、言葉で置き換えて理解できる形を求めることは、まったく違う。それに「精緻さ」の「言葉の意味」ではなく、そこに込められている濃度を伝えるには「精緻さ」と安易に書いてしまっては絶対に表しているものに追い付けない。言葉というのは、この文章のように「上から下へ配列された文字を追う」といった単線的で不可逆の時間の流れの中でしか意味をつかまえることができない。映像のように一度に、また同時にバラバラのことを把握することができない。

感覚は「いろんなものを感じ続けている」というような、移ろっている状態を把握できはしても、雲の動きを正確に表せないのと同じで、抜き出せないし、対象化できない。感じ続けている状態が続いているというのは、自分を包む静けさであったり、人の呼吸する音であったり、いま飲んでいるコーヒーの味であったりと、そのとき同時にいろんな感じが多面的、立体的に立ち上がり続けている状態を指している。そうした三次元的な感覚の運動を二次元の配列である言葉に表すことは、本当はできない。

それでも言葉で伝えないと教伝できないところもある。だから韓氏意拳では、どういうふうに運動を言葉で表すかというと、たとえば光岡師は「形は大事ではない」と言いつつ、「形は大事だ」という。「ただ〝やらない〟といけない」とする一方で同時に「〝ただ〟やってはいけない」という。

論理的な正しさだけを追えば「より正しいほうはどちらか？」というジャッジをするだろう。韓氏意拳においてはどちらも正しい。割り切れないのは「矛盾だ」と判断しそうになるが、運動という立体的なことを立体的に語ろうとしているから、抽象的で矛盾した言い方にならざるをえない。

韓氏意拳のいう正しさというものは、正しさについて考えなくなるための割り切りではない。先に言った正しさは、後に続く正しさに否定されることもある。正しさは、後生大事に持てば安心を得られる基準ではなく、常に「能力を養う過程における正しさ」にしか過ぎないし、ある分類の仕方でしかない。何かに基準を求めて韓氏意拳を解釈しようとすると途端に了解不能になる。だから整然とした論理にはならない。

矛盾とは論理の破綻だと考えられがちだ。だが、論理に整合性があるとすれば、折り合いのつかないことを排除しているから成立するのであり、したがって矛盾とは余白を取り込んだ包括的な論理だと言える。

韓氏意拳は閉じた論理の整合性に逃げ込むことを許さないし、決して一望できる見晴しのいい場所から眺めることもできない。

第3章

確認から体認へ

感覚がいちばん自分を騙す

ジャンクフードの味に慣れた人が鰹や昆布でとった出汁《だし》の旨味を感じずに、濃い味や化学調味料で調理された味においしさを感じることはいまどき珍しくない。味覚障害といったきつい言葉を持ち出さなくても、ことほどさように経験に左右される感覚は当てにならないものだ。何より感覚がいちばん自分を騙すのだから。

前の章では「感覚はリアルさを正確に伝える」と書いておきながら、感覚が当てにならないとは矛盾している話だが、矛盾しているからといって、感覚が正しくないというわけではない。というよりも感覚だけを取り上げて、それが正しいか正しくないかは問えない。

「感覚は大切です。しかし自分の感覚が最も自分を騙すので感覚は頼りになりません。そこで何が大切になるかといえば形です。でも形を頼りにすれば形同実異になります」と光岡師は言う。

「形同実異」とは韓氏意拳の要訣《ようけつ》のひとつで、「形は似ていてもそこに宿る実質は異なる」という意味だ。いわゆる「仏つくって魂入れず」だ。それだけだと軽く聞き流してしまえそうな口伝ではある。けれども、先に紹介した形体の「ただ手を前へ振る」という最も簡単な動きである前擺を思い返すと、そうも言っていられない。

形体を始めたばかりの人は後天的な癖から前擺すらうまくできないが、これまでに見知ったやり方で行ってしまっては、「ただ前へ手を振る」動きの、その初めの一歩が既に形同実異の始まりになる。

「ただ行う」ことと「ただ（野方図に）行う」ことの差はわずかに見えて隔絶している。では、感覚に頼ると「形は同じだが、実質が異なる」状態に陥るのであれば、何を手がかりにすればいいのか？　上辺の形をなぞることなく内実を保つには、誰かが自分の代わりに身体を動かすのではない以上、自らの感覚を導きの手がかりにするほかない。

感覚は当てにならないから（A）、形を規範にしなくてはならないが（B）、形に頼ると実質が異なってしまうので感覚を手がかりにする（C）。

この文章を上から下へ順次に読んでも辻褄はあわない。AがBならばCといった秩序だった整合性はない。それぞれの要素が相補して言外に意味を結ぶ。

言葉は世界を二次元に縮小すると記したが、この文章もそうだ。ここからはみ出し、矛盾として言外に立ち上がるのは何かといえば身体だ。これを単線の論理で表せないのは、立体は平面的に語ることができないし、「これは〜である」という言い切りの断片を集めても全体を語ることにはならないからだ。

「こういう矛盾した思考、概念が意拳の概念です。部分的に語ることはできなくて、すべてが全体の中の相対的な関係で成り立っているため、意拳を平面的に説明することはできません。意拳の理解には感覚が重要視されるのは、そうでないと伝える方法がないからです。手の位置や手の角度といった形で伝えようとしても、形同実異という事実がある限り、形は目安になりません」

ただし、形同実異は是非の価値を表してはいない。実質と形状は違うという状態を記述しているだけで、「実質と形状は違う」を正しいかそうでないかの判断として持ち出すと、今度は「形は異なっても実質は同じ」という「形異実同」が見えなくなる。それでは別の誤りの道を進み出すことになる。

ところで当てにならない感覚を頼りにしては、中途半端な結果しかもたらさないのではないかと思うだろうし、事実「群盲象を撫でる」という諺《ことわざ》もあるくらい、感覚は事物を部分的にしか把握できないし、いい加減でもある。

盲人が象を触って「象とは鼻の長い動物だ」と言い、耳を触っては「象とは耳の大きな動物だ」と言っても、鼻を触った者は耳の大きさを知らない。だが重要なのは、鼻が長いことも耳が大きいことも象の特性のひとつであって、全体ではないにしても、決してその感覚は間違ってはいないということだ。

自分が「まさにこれだ」と感じた内容は自分を騙す。しかし、同時に自分には自分の感覚しかない。誰かが自分の代わりに感じてくれるわけではないのだ。

部分的に正しいから誤りは埋まる

感覚という言葉に込められた意味を伝えようとしても、人それぞれの印象が違うため難しい。その上、感覚という文言に激しく拒絶感を示す人も時々いる。そこまではなくても感覚と言えば曖昧なものという把握の仕方をしている人は多い。中には「感覚は科学的、客観的ではないから依拠するに値しない」と言う人もいる。そもそも生きるとは、絶えず感じ続けていることで、生は科学的であろうがなかろうが続く限り続く。

何も「科学的な見解を登場させることで客観性が保たれる」という発想を否定したいのではない。そう言いたがる人は、科学的な見方も方法論だということに鈍感すぎるのが気になる。科学的な見解の妥当性に対し、とにかく疑いを挟みたいのではない。「客観性を重んじる」という名目が、当人は覚醒しているつもりでいても、その人を深い眠りに誘ってしまっているという事態について言いたいのだ。

そのことで思い出したのは、以前ある物理学のシンポジウムを聴講した際、ひとりの科学者がこう話していたことだ。

「細胞はシステムであり、人は細胞のレベルで応答して生きている。生物学的には、人体は細胞の住処だ」。ごく当たり前の話だが、それに対して文系の学者が「人は細胞レベルを感じて生きていないし、それなら細胞は隣の細胞を知覚できるのか」といった茶々を入れていた。さっきまで表象文化について語り、「イメージ」の持つ力を力説していた人がそうした発言をしたことに驚いたし、感覚は意識的に行えるものだと勘違いしているとしたら、人間に関する学問などやめたほうがいいと思った。

考えてみれば、細胞同士のつながりがないと指先で触れたものについて、冷たい、熱いといった質感を感じることはできない。また自分の身体を「あるまとまり」として感知することもできない。

韓氏意拳で言う感覚は、実感という手応えで確認できるような、意識で対象化できるものを意味するのではなく、意識しないままに「ただ感じている」という運動の状態を指す。

ひとつひとつの細胞の知覚を意識的に感じられない。しかし、指に触れた感じがわかるのは、細胞同士のつながりがあるからで、細胞同士がそれを知覚していないと、その情報は伝達されない。

細胞同士の知覚の仕方は、普段私たちが思い浮かべる知覚と同じである必要はない。むしろ、それを想像することが、細胞同士の知覚のあり方について考えることになるのではないかと思う。

「人は細胞レベルで応答して生きている」とは、細胞ひとつひとつには合成力があるということで、事実、何兆という細胞は、私が意識している以上の私を成り立たせている。毛穴の収縮、気道の繊毛運動など私は意識することができない。身体はそうした細胞で構成されていて、精妙に組み立てられている。「組み立てられている」といっても、頭脳がパソコンで身体が自動車の部品みたいなイメージで安易に想像できてしまうものではなく、「部分に還元できないような融合が意識できない内に行われ、それが形として整っている」といったほうがいいだろう。融合された精緻な運動が元々あるのだから、人為的に手を加え、損なわないことがもっとも理に適うことになる。

韓氏意拳では「道を求める」ことは重要なテーマだが、この言葉からわかるように、道家の影響は強い。老子がなぜあれほど「道」を説き、「自然に還れ」と、小賢しい知を否定したかが何となくわかるのは、人為的な動きではなく、細胞をあますことなく使い、生き切ることが、もっとも効率よく生きられる状態で、それを人にとっての「自然」と呼んでいるのではないだろうか？　と思い当たるからだ。

でも、そういうふうにまとまりのあるお話にして納得したところで、韓氏意拳について理解したことにはならないのは、実際に身体を動かして検証する必要があるからで、そういう意味では韓氏意拳はいたって科学的だ。

身体の構造に嘘はない

「群盲象を撫でる」という諺が示すように部分をわかっても全体はわからないが、感覚は部分的に合っている。合っているというのは、事実に則しているという意味で正邪、善悪という意味ではない。この事実が示唆するのは、感覚は相補的な手段であり、自分を感覚の働きに委ねきり、囚われ、寄りかかると誤るということだ。

たとえば形体の前擺を習得する上で「手は肩の高さくらいまで」と形を覚え込んでは、肩の高さに手を持って行くことを具体的な目的にしてしまい、その瞬間、伸びやかさは失われる。「ただ前へ振る」運動の過程が学習すべき内容であって、肩の高さまで手を振るという形は目的ではない。だから形は目安にならない。けれど、感覚が何によって補われるかと言えばやはり形になる。光岡師はこう説明する。

「感じたことが正しいかそうでないかを分別するにはどうすればいいか？　そこで身体という構造に戻ります。なぜなら構造は人間の絶対的に嘘のない部分で、心に嘘はあっても身体には嘘はありません。身体に嘘がないというのは、構造の相対的な関係からすれば、運動中の折々に自分の身体にとって最も良い位置関係が存在するからです。それが目安になります」

「構造の相対的な関係からすれば、自分の身体にとって最も良い位置関係が存在する」という説明は、一度聞いただけではうまく飲み込めない。光岡師がここで言おうとするのは、つくって保とうとする形ではなく、もともと在る形を表現すればいいということだろう。つまり、手や足、肩、頭、指など身体の部位を身体全体の関係の中で捉えたとき、最も安定する空間的位置があるということだ。

部位と聞くとつい単純な役割を果たすパーツを思い浮かべてしまうが、あくまで全体の中で「ある位置を占めている」部分であって、これは身体から切り離されて存在しない以上、単独で安定した位置を保ってはいない。

自分では手の角度なり位置が良いつもりでも実際には肩が強張っていては、身体構造のそれぞれの関係の中では「良い位置」にはないし、偏りがある状態でしかない。

だから「身体という構造に嘘がない」とは、身体には形がある以上、身体全体の中で相対的に安定している関係を紡ぐことができるということだ。その関係を正しい形、合理的な構造と言っている。そこで言う正しさは善悪ではなく、結果的な正しさだ。善悪は人為的につくられた価値を判断するときに生まれる認識だ。

また正しい構造はガチッと微動だにしない銅像のような固定した形ではない。正しいかそうでないかは、身体の運動より先に存在しない。

「動きがない限り構造は理解できません。韓氏意拳を説明するときに平面化してはわからないし、動きが必要でなかったら言葉の説明だけで済みます。構造の運動の理解が、その感覚と一致することが大事です。だから韓氏意拳の学術を理解する上では感覚が重要視されます」

感覚が大事なのは、感覚は自分をいちばん騙すが、運動を理解するには感覚でしか把握できないからだ。そして、感覚は大事だが、それを「感覚だけ大事」と受け取ると、感覚に依存することになり、これはまさに王薌齋の言った「一具体便是錯（具体性を便りにすると錯《あや》まる）」になる。

かといって相補的であろうとして「形も大事、感覚も大事」と思い込むのも誤りになるのは、相補的とは、頼りにするツールの数を増やすことではないからで、むしろそれらのどれにも頼らないことを指す。

この一節が理解を妨げるのは、単一の意味に回収されないからだ。だから間違っているのではないか？　と速断しがちだが、それは問い方が誤っているのだ。そもそも韓氏意拳は言葉で記し、認識することではなく運動を表現することを主眼にしている。

韓氏意拳では、立体構造の運動の把握を言語による確認ではなく「体認」で行う。

運動というFLOWを知る体認

韓氏意拳では身体の運動を把握する上で思考による確認を捨て、また感覚にも頼りきらず、体認を用いる。言語で認識することの問題は「既に知っていること」に物事を置き換えることで、世界を縮小することだとくり返し述べた。「同じ川を二度渡ることはできない」とも書いた。

感覚は「感じられたこと」ではあるが、それゆえ誤るので頼ることはできない。形も感覚も目安にはなっても依存することはできない。

「確認は自己を枠の中に嵌めることですが、体認は自己の枠の外にある未知へと向かいます。経験したことがないことを経験するのが体認です」と光岡師は体認について説明する。

たかが手を前や後ろに振ることを「経験したことがないことを経験する」とは大仰な言い方ではないか？　と訝《いぶか》しく感じたり、「経験したことがないことを経験」した時点で、それは既知の感覚に変換することではないのか？　と思ってしまうかもしれない。

けれど、いま手を振り上げたとして、この「いま起きている」ことは「たったいま」起きていることであって、かつて経験したことではない。

「いま」のことであって過去ではないのだから、「いま」起きつつあることは、過去と比較参照できない未だ知らない事実だ。

「経験したことのないことを経験する」のが体認であるとは、「生きている事実をそのまま受け止める」ことを指していて、いま起きていること、つまり「いまのいま」は、感覚で探ることもできない。探るとは時間の経過を必要とするが、〝たったいま〟に時は流れない。

「感覚は体認を通じて理解される」と光岡師は言う。感覚は感覚として把握されると実感になるが、感覚は体認を通して感じ続ける運動そのものである限り、実感という確固とした手応えになりえない。ちょうど流れる川に手を差し伸べて、その冷たさを「ただ知る」のが感覚なら、「この水は冷たい」と思うのが実感であり、流れつづける冷水のただ流れる様を知るのが体認に当たるだろう。

実感は、本来は固定できないものを固定したもの、つまり形のない水を凝結させ氷にしてしまうことなら、形を持たない水をただ知るのが体認と言えるだろう。だからいまの水の流れは未知で、それは体認を通じてわかる。

自分がまさに刻々といまを生きているとは、生成するFLOWの状態に常にあるということで、いま起きている新たなことは、既に知っている事柄には置き換えられない。この「置き換えられない」移ろう状態をただ知るのが体認で、未知を未知のものとして、「私はそれについて知らない」という把握の仕方をする。

「私はそれについて知らないが、移ろいを知る」と、言挙《ことあ》げしないことが体認でもあり、FLOWをFLOWとして味わいつつあるという過程に寄り添い続けることを指すのだろうと思う。

たとえば腕のいいパティシエのつくったケーキは、甘さ、酸味、苦み、しっとりとした感じ、など単一の味に還元できない様々な質感が舌の上に瞬間的に同時に現れる。それはケーキの味が様々現れて消えるという、いま起きている運動の中にしかない。それがまさにいま起きていることで、かつて食べたことのある何かに引き寄せられないし、味覚に手応えを覚えた時点で、事後的に語られた感覚でしかない。

あまりに実感しづらい話かもしれないが、実感というはっきりとした確認が得られないのは、心臓の拍動をいちいちカウントして生きていられないのと同じで、パッケージングされたすっきりした情報に還元できないのは、生きている事実とはそういうものだからだ。

以前インタビューしたことのある解剖学者の養老孟司さんは、こういうことをしゃべっていた。「今は何でもかんでもデータになると思っているけど、じゃあいつ死ぬかもデータにできるか。人間が関心あるのは死だけど、それはできない。なぜなら身体は自然だから」データにできると思い込めるのが養老さんの言う脳化社会でもあるのだろう。実際、現代ではキャリアデザインとかライフプランだとか、情報を収集し、それを元にして戦略的に振舞うことを奨励する考えが横行している。そうした様子を見ると、生は予測を立てられるものだという思い込みが支配的になっているようだ。既知の情報への還元に人が必死になっても、人は「いつかは死ぬが、いつ死ぬかはわからない」という絶えず不確定で未知の領域に生きていることにはかわりない。

未知とは「未だ知らない」ことでもあり、「いまは知り得ない」ことでもあるが、人は生きている間、自己の生を確定的に知らない。知らないけれど、知らない何かを絶えず感じ続けて生きている。

感じなければ死んでいる。そして、いま生き、いま感じている事柄を再現することは不可能で、だから生きている限り感覚の運動は確認できない。

意拳が他の武術と違うのは、既に出来上がったものを学ぶのではないところだ。学習の対象は、〝いま〟の未知を知る進化の過程にある。そして、未知の出来事とは、それについて未だ知らない以上、「常に新たなこと」として眼前に現れるのだから、それを知る術は過去の事物に同定する確認や型ではなく、体認の他にはない。光岡師はこう強調する。

「確認は自己を枠の中に押し込めることで、体認とは枠の外を知ることです。枠の中だけでは新しいことは考えられない。未知を知ることが進化であり、だから体認が重要なのです」

ここで言う「枠」とは情報化であったり、戦略的な振る舞いであったり、決まりきった形に自分の動きを当てはめようとするなど、既知のもの、標準化されたものの総称だ。その中で生きていると枠を正当化するための言葉を動員することに馴れてしまい、それをもとに結論を下したり、既にある価値の序列の中に穏当に意味を配置していくことに長けはしても、枠の存在そのものを知ることがなくなる。

韓氏意拳はその枠を可視化するが、枠という限界をいたずらに破壊するのでも、ただ枠の外への逸脱を無闇に手引きするのでもない。身体という枠がある以上、枠は予め決まっている。そのことをただ、よく知る。

「自分の枠は構造的に生来から限られています。そのかわり枠の中では最大限自由に伸びやかにするのは、人は生きていくために自分を束縛する必要はないからです。必要以上も必要以下も人間の体の中には存在しないから、それ以上のことをやる必要はない。それ以下のことでも不十分です」

だから自分を型の中に制限したり、型通りに身体を馴致する必要はどこにもない。身体の構造という元からある限界の中で伸びやかに、ただ動けばいい。伸びやかでないことには、体認は得られない。なぜなら体認が「生きているという決して確定されることのない未知の事実をそのまま知る」ことならば、萎縮してそれは得られるものではなく、自己を開放しないことには伸びやかではありえないからだ。

韓氏意拳を学ぶ上で、伸びやかさ、舒展の感覚について留意することをくり返し求められるのは、有限な身体という枠を持つ構造の可能性を発揮する上で伸びやかさがとても重要な鍵になるからだ。それだけ失われやすく、間違われやすいものでもある。

雨音を知るような感覚

光岡師は「体認で知る」ということは、「未だ知らないそれをそっと捕まえる」ようなものだと話す。その説明を聞いたときに思い出したのは、静かに立って稽古するときは「遠くからかすかに聞こえる雨音に耳を傾けよ」という王薌齋の口伝で、かすかに聞こえる雨音とは、いつ始まったかもわからず、終わりもなく「ただ刻々と降る」様を知るものであろうかと思う。

以前、中国語の語学教育を行っている教授が「中国語は形式的な主語を重視しない。実際を記述することを重んじる」と教えてくれた。

たとえば「出火」という言葉は、これには英語のようにitがない。気が付いたら火がついている。中国語では「誰が？ なぜ？」もわからないまま、そうした実際の運動と状態を表す概念が多用されるという。

私にはそれを検証する知識はない。ただ、その話を聞いて思ったのは、周濂渓《しゅうれんけい》の「太極図説」

に出て来る「無極而太極」という言葉だ、これは「無であり有」なのか「無だから有」なのか判然としないにせよ、ここには誰か特定の名指しできる存在が天地を創造したわけでなく、気が付いたときには、存在は存在していたという、曖昧だけどはっきりした考えが見て取れるのではないかと思ってしまう。かすかに聞こえる雨音と同じく、始まりもなく終わりもないという意味で、中国文明に流れる世界観なのかもしれない。

だから、「未だ知らないそれをそっと捕まえる」とは、決して「それは〜である」という言い切りのストックを増やすことではなく、終始をつけないからこそ、世界をそっと、そのまま感じられるのではないか。

具体的な「それは〜である」の知識を集めても、たんに「割り切り」を増やすだけで、「割り切り」とは物事の「割り切れなさ」を排除して成り立つわけだから、それは知ったことにならない。むしろ知識を増やすことでかえって蒙昧《もうまい》に陥っているともいえる。

雨音という言葉を知ることで、窓の外から聞こえる音を「これは雨音だ」とうかつに判断してしまうけれど、それは初めて聞く何かであって、雨音という雨音はない。

だから体認とは、あるいは知るとは、それは「未だそれをはっきりとは知らない」状態を保ち続けることではないかと思う。

降り続ける雨の、まさに降り続く様を表すことは不可能ではあるけれど、耳を傾けよう、とあえてするでもなく、気がついたら音はすでに耳に届いているように、区切りなく、あり続ける世界にそっと寄り添うことが体認による知というものではないか。つまり、目の前に起きつつある「何か」をただ知る。

実感を持つと体認は失われる

形体であれ後述する站樁であれ、体認によって自分を把握することが重要だが、体認によって知るとは、自分の状態を対象化し、あえて「感じ取ろう」とすることではない。大事なのは感覚を働かせ、敢えて注意深く探ることではない。そういうふうに体認の概念を誤解しては、韓氏意拳を学ぶことはできない。

韓氏意拳が難解なのは、動きだけを行っても理解にならず、動きに対する概念もわからないといけないからだ。伸びやかであることと〝伸びやかにしよう〟と考えたり、思って行うことはまったく異なる。思考して行おうと思った時点で動きは別物になる。

「ただ〝伸びやか〟」に行うことと、「〝ただ〟伸びやか」に行うことの違いはわずかに見えて大きい。前者は自然に舒展しているが、後者は自然ではなく勢いに任せて野方図に行っているだけだ。

そもそも伸びやかな状態は自分でつくれない。身体の伸張した状態をつくることができても、伸びやかな状態を考えて行えないのは、心と身体の状態がリンクし、円満であってはじめて伸びやかさが現れるからだ。現そうとしてもそれは現れない。ただそれは現れるものなのだ。

形体の前擺も「ただやればいい」と念じても、それは動作をひとつの、決まりきった具体的な動きに矮小化することにしかならない。韓氏意拳において体認が重要とされるのは、自分の構造を感知するには、それしかないからだ。肘の角度や足幅といったチェックポイントを挙げても切りがないし、言葉で見出しを付けるようにして動作を確認して得られるのは実感であって、体認とは明確に区分されるからだ。

実感と体認がまったく異なるのは、実感は自らがつくってしまうものであり、それがなぜ問題かと言えば、再び話は戻って「自分の感覚は一番自分を騙す」からだ。

「ある動きを行っているつもりの自分がいても、実際できているかというとできていない。ということは、実態と感覚に明らかなズレがあるということです。思考が先行して動きを行ってしまうと、〝ある動きを行いたい自分〟と〝その動きができない自分〟の二者の存在が現れ、ジレンマが生じるのです。

つまり実感を持っているとは、自分の中に対立があるということで、力なりエネルギーなりが思考とぶつかりあった時にそれが実感として芽生える。つまり自分の中で葛藤が生じて決着がついていない状態が存在するのです。そういう状態で本当に自信を持って勝負できるわけがない」と光岡師は言う。

「実感がある」とは、確認できる手応えを自分について持っていることで、確実に言葉が動きに間に合ってしまっている。記述できないはずの運動が言葉になっているということは、運動を思考で止めていることになる。だが実際には、運動は静止することがない。

いま下ろしていた手を頭上に挙げるとして、一般的にAからBに手が移動すれば、そこで動きは止まると思ってしまう。しかし、時間、あるいは運動は止まらないし、止めることなどできない。「いま」はずっと続いている。

現実は一瞬たりとも止まることはない。だから手の運動はAからBで止まることはなく、AからB^1、B^2、B^3、B……と絶えることがない。そこで切れ目なく、留まることなく連続しているはずの「いま」が手応えとして自分に確認できるのは、Bで動きが終わり、その後の絶えることのないB……をなかったことにするから、Bという「いま」が実感できてしまえる。実感は止まらないはずの運動を手応えとして止めたとき訪れる。それは錯誤でしかない。

体認すべきは、初めてのことで、それは新たな現実なのだから明確な手応えに同定できはしない。

稽古していると、「うまくいったいい感じ」を実感として持つことがある。そう実感できてしまえるのは「あのときうまくいった」手応えを再現しようとしている自分がいるからだ。けれど、過去を再現することは人間には不可能事だ。本当ならできないはずのことを想ってやろうとすれば、心と身体の動きのちぐはぐさや緊張として動きに現れるしかなく、だから手で触れられながら動きが伝授される稽古の中では、あからさまに体認が得られていないことがわかる。そういう時は光岡師に「感覚を探し求めた途端に誤る」とよく注意される。

いま感じていることは、「いま・ここ」のことだ。そこに手応えを求めるのは「いま・ここ」の行為に思えて、過ぎたことをいまに取り戻そうとする不自然な振る舞いなのだ。だから感覚は自分を騙しはしない。だが騙しもする。実感は絶えず移ろう現実そのものではないのだ。

そういったことをさすがに考え込んで稽古はしないにせよ、ちょっとでも気になって稽古していたら、すかさず「自分の気持ちを蓄積させてはいけない」と言われたことがあった。実感を持つとは、あるセルフイメージの中に自らを追いやってしまうことなのだ。

「感覚を探し求めた途端に誤る」と注意されて、ハッとしたのは、そういうふうに実感を求め、思いを凝らすことが感覚を研ぎすますことであり、集中でもあって、良いことだと思い込んでいたからだ。集中しようとして集中するのと、結果としてそうなっている状態はやはり違うのだ。

集中するという状態が曲者《くせもの》なのは、たいがいの場合、「集中している」という型にはまることに多くの力を費やしているだけで、本当に費やすべき内容は意外とおろそかになっていたりする。

「動物の中で集中することを力説するのは、人間だけだ」と光岡師は言う。「精神を集中せよ」といった使われた方でよく耳にする言葉だが、多くの場合、周囲を顧みない没入の仕方を奨励する意味合いで用いられている。しかし、何かに没頭していたら動物は「それ以外」という事態の訪れを察知できないから身を危うくする。ただ目前の獲物を狙う行為は、ただ行っているだけで、それは没頭ではない。「ただ獲物を狙っている」とは、そのとき、ただの自分しかおらず、集中も広がりもあるような開放した状態がそこにはある。

韓氏意拳はある特定の目的に能力を集約させるのではなく、能力を開放することを拳術の稽古と学理、学術の理解によって目指している。能力が総体的に発現されるには没頭ではなく、適当かつ伸びやかでないといけない。

世間的に言われる集中力が長けていても、ほかの感覚をないがしろにしては、人の能力が全的によく発揮されているとは言えない。集中、集約をしようとして行うのは、何かをあえて見えなくしている、といってもいいのかもしれない。

結果として、振り返った時、「無想であった」と何となく言える状態はあるだろう。だが「集中しなければいけない」と考えたことを再現し、集中しようとして、そこに実感を持てるのは、ある種の習い覚えて見知った心身のモードに自分をはめ込むことでしかない。未知の「いま・ここ」を蔑《ないがし》ろにしているのだ。

緊張することには何の意味もない

実感を持つことが、「いま」を体認することとほど遠いと言葉でわかっても、実際に相手と接触する稽古の中では、なかなか体得するのは難しい。

相手の拳が自分の腕と交差したとき、ほんのわずかであっても思わず圧力に対して抵抗しそうになる。接触していることは既にわかっているのだから、放っておけばいいのに、そこに実感を求めてしまう。手応えを求めた時点で、それは緊張として自分の身体に現れ、相手に伝わる。

緊張しているとは、自分で自分にブレーキをかけていると言える。状況によっていちいち相手に左右され、自分が翻弄《ほんろう》されており、まったくのエネルギーの無駄だし何の意味もない。肝心なことは、自分本位であることで、自分の「普通の状態」を相手がどうであれ、余すことなく伝えることだ。

赤ん坊は筋肉も少なく、骨も柔らかいのに四肢をばたつかせると、なかなか手に負えないし、受け止めることに難儀する。自分で自分をセーブしていない「普通の状態」の力とはそうしたものだ。

大人になると普段の暮らしの中で「我慢していると良いことがある」とか「痛みや緊張を越えてこそ何かが得られる」と実感を持ってしまい、しかもそれに馴れてしまうから、自分を縮小したセルフイメージの中に囲い込んでしまって、赤ん坊のような「自分本位の動き」ができなくなる。それどころか自己規制という緊張状態をずっと続けると、身体が発しているサインすら無視して平然としていられるようになる。真夏の炎天下に平然とスーツを着込んだままでいられる姿は無気味ではあるけれど、要求された秩序に馴れて感覚が麻痺すると、ことほどさように自分の生理をなかったことにしてしまえる。

「現代人は思考で自分を束縛し、ある形を再現することを求めはしても、感知することを放棄しがちです。何かを求めることで感知できなくなってしまっている。感じて知ることが大切なのは、周りの事実を感じて知ること、それが生きることだからで、韓氏意拳の練習はそのためにあります」と光岡師は話す。

感じて知ることは簡単なようで難しい。人は感じて知ることに留まらず考えてしまえるし、そのことで不安に陥るからだ。

夕陽を見て「赤い」と感じても、この「赤」は、他人と同じ赤には見えていない。だから、

「同じ赤ではない以上、人は感じていることを本当は互いに理解できない」と思い、そこから「同じ赤ではないが、それでも互いに赤と見える以上、何か認識には共通項があるはずだ」と考えることはできる。しかし、それは最初に感じて知った戸惑いを持ちこたえるのではなく、そこに感じた不安を埋めるべく考えることが「正しい道筋だ」と思って進めた思考ではないか。それは偽りの思考ではないだろうか。

「わからない。けれどもわかってしまう能力が人には備わっている」ことが実態に向き合う真のあり方ではないか。そこには明確な言葉遣いをすることで綻びを覆い隠そうとする魂胆も不安もつけ入る隙がない。

人は名付けようのないものを前にすると不安になる。不安にさせているのはこれまで培ってきた自己の経験や知識に「それ」が該当しない、つまり未知だからだ。未知をつかまえるには、言葉で記述することだけが大切ではなく、そこに添う体認が重要になる。それが未知の経験を経験することであり、それを生きるという。

感じたことを言語化し、認識しないと不安になる傾向は、現代のように情報化が尊ばれる社会ではなおさら強まっている。そうした世相において、言語による認識を捨て体認によって世界を把握するとしたら、どういうことになるだろう。

認識を捨てたとき世界はその姿を現す

「同じ大きさの石がみっつあって、まずひとつを持ち上げてみたら辛うじて持ち上げられた。ふたつ目を持ち上げてみようとしたけれど、実はハリボテの石で後ろに反っくり返ってしまった。みっつ目の石を前に腕組みして、考え込んだ」

光岡師はそうした寓話を持ち出して体認について説明したことがある。

人は様々な経験を積む中で、行動を起こす前にあれこれと予測を立てるようになる。その中で得た事物の真実や必然性を知ることのできる力を学習能力と呼ぶ。

だが真実は「それが重いか軽いか」の予測を立てて石を持つことにはなく、「持った時にそれにふさわしく持つことができるか」にある。それは考えても、予測を立ててもわからない。触れた瞬間にしかわからない。そこに経験による予測の入る余地はない。

「誰かがあなたに触れた時、考えるまでもなく触れられたことがわかる。秒速何メートルの速さ、何キロの重さといった計量化された値ではわからなくとも、事態を正確に思考することなく把握している」と光岡師は言うように、人は瞬きする間もない雲耀《うんよう》の早さでそれを行っている。

「あのときはこうであった」といった経験から得られる認識は、確かに事態を判断する上でひとつの目安になりえるが、目安は新しい事柄には対処できない。目安が新たな事態に応じてそのつど変化しては目安としての働きをなさない。

しかし、目前で起きているのは、常に新しい事実であり、まさにいま運動している世界であって、本当は目安という基準で把捉できるものではない。

目前の石を「重いか軽いか」と判断を試みることに必然性はなく、まして求められるものではないのは、そこで問うている重さ、あるいは軽さは相対的にしか存在しないからだ。というのも、重い物は「より重い物よりは軽い」からであり、軽い物は「より軽い物よりは重い」。そこに軽重の標準値はない以上、必然性は思考による予測の中には求められず、ただ行為の中に現れる。

必然性とは判断の仕方にはなく、「それにふさわしいやり方」で持つことである。必然性は目前の事実のありのままの表れであって、その時に世界はその姿を現す。

経験が高まると目前の事実に対処する選択肢が増え、それは一見、可能性が広がったように思えても、実はそのことで増しているのは、「どうすればいいか」という迷いでもある。

真は選択肢の多さそれ自体にはない。問いを立てて、どんな場合でも正しい解を求めることは、言葉によって世界を既に見知ったことに還元していくような、安心を求める認識だ。比べて体認は問いを立てて問いを深く探求していく。それは自己の能力の探求でもある。

韓氏意拳のいう能力は、確定されることのないありのままの事実を把握する体認によって培われる。「確定されない」とは、確認によって具体化されないということで、まだ現れていない何かが能力全体の存在をはっきりと示している。

問うとは探し求める途上それ自体であり、体認とは未だ知らない自己を尋ねる過程だ。自己とは決して確定することのできない存在であり、だから体認は自分の可能性を限定することのない、自己に対する終わることのない問いかけでもある。

先に体認は「未だ知らないそれをそっと捕まえる」ことだと述べたように、把握するべきは「それは〜である」といった固定的な答えではなく、いまの自分の状態「それは〜であるか？」だ。「いまの自分」は決して止めることのできない運動中の未知である。未知の把握は、問いかけとその応答に耳をそばだてる行為の間にしかない。

未知のことがらを人は既に知っている

韓氏意拳が体認による感知を重視するのは、自己の能力そして自然を把握するためである。重要なことは感知することがら、たとえば伸びやかさの感覚や安定した構造の運動がどういうものかを身体は「既に知っている」ということだ。

「未知を把握する」ことが体認であるとしながら、「未だ知らない感覚を既に知っている」

とは甚だしい矛盾だと思うかもしれない。まして一貫して「そのつどの新しい出来事を既に知った事実に同定すること」を認識の落とし穴として問題視していたはずだ。

これについて述べる前に言うと、まず能力を養うとは、どこか行ったことのない場所に埋められている財宝のような、自分の外部にある代物を探すことではないということだ。韓競辰師の言葉を借りれば、あくまで「自分自身が何を持っているかを理解する」ことに尽きる。

つまり、「自分自身が何を持っているかを理解する」とは、「まだ知らない自分と出会う」という点で「未知を把握する」ことになる。そして「既に存在している自分を探る」のだから「未だ知らない感覚を既に知っている」わけで、ふたつは両立する。

未知とは、「それ」について知らないことだが、「それは何であるか？」と問えるということは、その知らないはずの存在を前提にしていることになる。

「人は内在していないものを感知も表現もできない。人が伸びやかさを表現できるのは、その動きがまだ現れていなくても、その働きを人は知っているからだ」と光岡師は言う。

感知したことを経験や知識に引き寄せて分類、言語化し、確固とした認識にして、いつでも誰でも再現可能な形にしようとするから体認した運動は損なわれてしまう。

未知のことがらを既に人は知っている。ここで言う「知っている」は、過去の「あれとこれは同じだ」と名指しする知識のあり方のことではない。いま起きている新しい「何か」を知っている。それが「知らないが知っている」という知のあり方を指している。

だから、そのつどの新しい出来事を既に知った事実に回収すると、いま起きていることは「新しいこと」として取り損ねる。そうした態度においては、未知が存在しない以上、未来はなく、すべて分類され、完全に把握された過去しか存在しない。そこには運動も時間もない。

それは情報化社会がもたらす世界観にも似ている。この社会では「人が認識できるものが世界だ」と思われているところがあって、認識で情報に還元された既知の量が世界と等価であるかのような錯覚で覆われている。

情報化されたものが存在するとは、情報化されないものは存在せず、情報として認識されて初めて存在しえることを意味する。いわば限定された認識が社会の基盤になっている。

しかし、世界は社会の範囲を越えて存在し、言い尽くされることはない。世界では認識されない新たなことが常に起きている。だから韓氏意拳では、情報化という既知に同定していく認識のあり方が取りこぼす世界の運動、未知の存在をそのまま受け取る上で、体認を重要な「認知」の仕方だと考える。光岡師は言う。

「自然があるから人間が存在し、宇宙があって地球がある。その逆ではない。だから我々は既にあるものを感じる。既にあるから感じられるのだから、認知は既に存在していることに対するものです。つまり自然が因果の果であって、因はそれに対する認知です。自然はもとから存在していて、果のほうが先に存在するのなら、因は仮定でしかない」

認知という働きが「因であり仮定」とは難解な言い方だが、これは『いま』という時には「そのつど新たなことが生起している」から、「いま」は確定した言い方で記述することは決してできないという意味だろう。

体認は「いま・ここ」で起きている運動を知る上でのアプローチで、それは過去の何にも同定できないのだから、認知は「いま」の事実に対する仮の架橋でしかありえない。決して言い尽くされ固定した感覚、実感、知識にはなりえない。

体認はいま起きている運動やその状態、存在を掴み取って明確な概念として名付けることではない。

体認は生起している運動や状態、存在に向けた「それは何であるか?」の問いであり、そのつど起きる事実に対するそのつど架けられる橋だ。

「それは何であるか?」と体認が問い、求める内容は未知である。体認すべき未知とは、元々自分の内にあって表現できる自然の能力だ。

それは「ある」ことはわかっても、それについてははっきりとはわからない。あるから感じられても、未知は既知では追い付けない。

体認の「それは何であるか?」の問いとは、問いの答えが明らかになって初めてわかることが問いの前提になっている。なぜなら常に流転する存在は見出されるまでもなく最初から存在し、確定されることがないのだから。

体認は確定されることのない事実を把握する手段だが、それを求める方便として韓氏意拳は站椿を行う。

第4章

站椿

能力を求める仮の方法

難解だった王薌齋の指導

意拳が画期的だとされる理由のひとつに型を廃し、站椿《たんとう》という稽古方法を取り入れていることが必ず挙げられる。これまで日本で紹介されてきた站椿に関する説明と言えば、胸の前で球を抱えるような姿勢などいくつかのポーズを「長時間保つ」ことで「足腰を鍛える」。また「意念を用い、身体内部に緊張と弛緩を生じさせ、エネルギーを増強」させ、「静止した状態で精神と身体を融合させ、上下・左右・前後の力を養成する」といったものがほとんどだ。意念については後述するが、日本ではおおむね「イメージ」として捉えられている。

ともかく站椿は風船を抱えて落とさないとか、寄せて来る波を押し返すといったイメージを想い浮かべ、身体は動かないが意識は動くことで、不動の中に微動する身体をつくり、意のままに動いたり、筋力に頼らないようになるとされている。

意拳の流祖、王薌齋は「站椿をやりなさい」と弟子に奨励していた。その王は自ら「矛盾老人」と称し、韓星橋師の述懐したところでは、站椿の稽古中、王はある生徒に「腕をもう少し高く上げなさい」と言い、しばらくすると今度は同じ生徒に「腕が高すぎる、低くしなさい」と指摘し、「私の言う通りにしてしまったら間違いだ。しかし、私の言う通りにしなければもっと間違いだ」と諭した。また「一具体便是錯（具体性を便りにすると錯《あや》まる）」と強調していたという。

王の教伝の仕方はそうとう難解だったようで、王の実戦名人の名声を慕って稽古に参加したにもかかわらず、その站椿の指導の意味が理解できないで「何も教えてくれない」と憤慨し、離れていった者もいたという。そこに「具体的な何か」が見当たらなかったからそう漏らしたのだろう。実際、初期の意拳には站椿、試力、発力の稽古段階しかなく、あるレベルに達していない者にとっては雲を掴むような教授方法だったようだ。

そんな中、韓星橋師は王の養子となり、常に行動を共にし、師範代としての立場で多くの門弟を指導していた。王が上海で教えていた時代、あまりにも站椿の意味がわかりにくいというので、韓星橋師が王の許可を得て二十四種に編纂、それをさらに八種にまとめ、指導していたという。

けれども韓星橋師が王の指示で北京に移り、一年後再び上海に戻ってみたら、站椿が三つ（抱式と左右の技撃椿）だけになっていて、多くの初学の門弟は理解することができず困っていた。韓星橋師が「これではあまりにわかりにくくて問題ではないか」と尋ねると王は「これで全部わかるはずだろう」と、むしろなぜ門人が理解できないのかと不思議がったという。

01 抱式

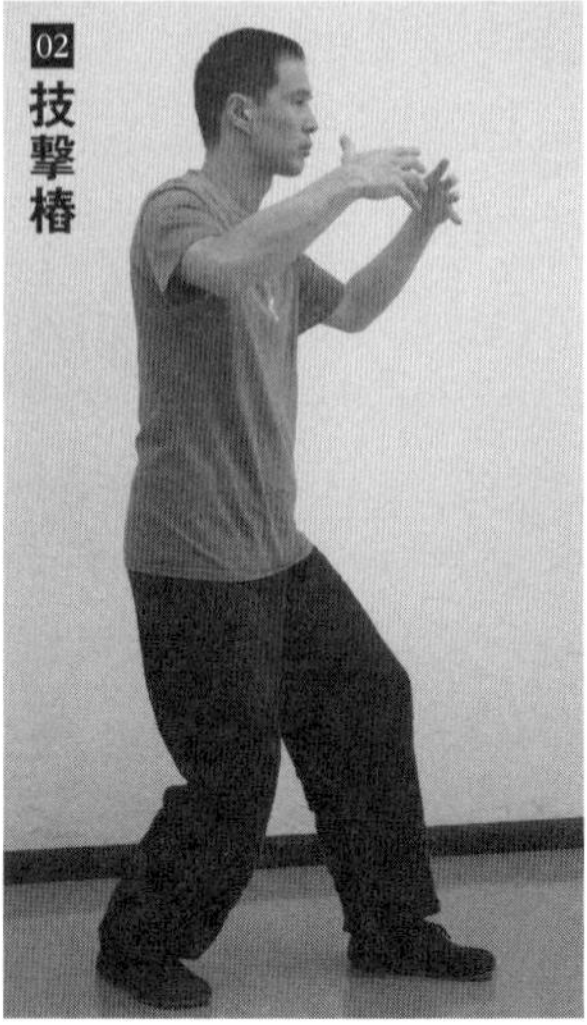

02 技撃椿

03 技撃椿

巷《ちまた》の站椿に関する見解は多種多様で、それだけ站椿の目的がはっきり定まっていない様子を表している。とは言え、共通認識はやはりあって、「形を整えて保つことで何かが得られる」ところがあげられるだろう。力を抜いてリラックスして立てば、やがて瞬発力や発力、中心の感覚といった手応えなど、力感として感じられるものが得られるので、その感覚を見失わないようにすることが大事だと言われてもいる。

站椿は身体構造を理解するための手段

韓氏意拳では、站椿はそうした「具体的な目的」を達成するために行うのでもないし、そのために站椿は存在するのでもないと考える。また何かの感覚を得るために行うのでもないし、站椿はそれ自体を行うことが大事でもない。

韓氏意拳の站椿は、身体構造を理解するための手段、仮の形として行う。何かを体認、理解するために「ある形を借りている」のであって、だから站椿で何かを得るのではなく、站椿はただ行う。また形は考えて「つくる」ものでもない。そもそも站椿は考えて「つくられた」わけでもない。

王の活動した時代から意拳の站椿は通常の理解を阻むような新しい方法論ではあった。それはある日、突然考えて形をつくったわけではなく、「こうでしかない」と思われたから自然に「そういう形になった」のではないだろうか。

「形をつくった」と「形になった」は言葉の上では、その違いを把握できても、それが表現できているどうかは別だ。自分では「形になった」と思っていても、「つくった形」になってしまっていることは多い。

ともあれ、王は考えて、作為的に站椿をつくったわけではないのは、以下のようなエピソードがあるからだと光岡師は言う。

「一九二九年に発刊された『意拳正軌』には丹田や周天について具体的に書かれています。けれど、三〇年代後半には〝これを焼いて捨ててしまえ〟と言っていたようで、実際に台湾の武術研究家である周剣南《しゅうけんなん》がそう聞いたと証言しています。『意拳正軌』の理論の八割くらいは形意拳と変わらない。それを〝焼いて捨てよ〟と言ったのは、能力は丹田や周天などを作為的に行うことで得られるのではない。因があって果があることがわかったから、そう言ったのだと思います」

周天や丹田とは、ひとつの修道法で、呼吸によって気を巡らし、意識で身体をコントロールしていく鍛錬方法のことだが、「因があって果があることがわかった」から、それらについて述べた書物を「焼いて捨てよ」という結論に達したとは理解しづらい話だ。

一般的に方法論を知ると、それを行うことで何かの結果が得られるものだと思ってしまう。

方法論は因果関係を示していると思うからだ。

しかし、よく考えると方法論とは「こうすれば、こうなった」というような、因果の関係性を記述しているようで、実際はそこで述べられた関係性は因果ではなく、果でしかない。方法論とは物事のあるひとつの見方である以上、それは結果でしかない。

画期的に飛距離の伸びるゴルフスウィングだとか、短期間で減量できるダイエット法だとか、周期的に流行する理論がある。それらを因果関係と思い、正しく行えば果が手に入ると思ってしまうが、理論通りになる人はあまりいない。それは体質や体格など人それぞれだから、という雑駁《ざっぱく》な括《くく》りで結論づけられがちだ。それも理由のひとつではあっても、本質的な話ではない。重要なのは、結果から結果は得られないということだ。

たとえば、かつては野菜と果物をたくさん食べれば、ガンを予防できるという説があった。近年新たな調査方法によって、たくさん食べる人もそうでない人も発症率は同じだというデータが明らかにされ、「野菜や果物をたくさん食べてもガンを予防できるかどうかがわからない」が医学の常識になりつつある。

なぜ常識かというと、何か特定のものを食べ続けた人とそうでない人の発症率が同じであれば、食べたから予防できたとは言えない。つまり原因を特定できないからだ。

「特定の野菜を食べたからガンにならなかった。あるいは治った」と経験談を語る人がいる。「トマトを食べたからリコピンの働きでガンを予防できた」と思うとき、「トマトを食べたから」を因だと考える。でも、トマト以外に食べていた「何か」が作用したのかもしれない。あるいは「何かを食べなかった」から、予防できたのかもしれない。「それだけ」という要素が見当たらないということは、原因が確定できないということで、因はひとつではない。だから正確に答えるなら、原因は「わからない」であり、因は未知だ。

この「因はわからない」ことが重要なのは、人は何か起きた結果を経験として認識している。しかし、経験の重みは経験それ自体にはないことをわかってはいない。というのも、経験とは「実はなぜそれが起きたかわからない」ことを前提にしているからだ。認識された経験の中に経験全体はないのだ。

「感覚や理論、身体運動の構造、学術等々を研究したら『意拳正軌』で述べたような研究結果が出た。かといって、結果を学べば結果が得られるわけではない」と光岡師は言う。経験の中に経験はない。そのため「焼いて捨てよ」と王は言ったのではないか。

絶対のセオリーはセオリーとしては存在しない

王が站椿を奨励し、二十四種あった站椿をシンプルにして「三種で十分だ」と応じるまでの果に至った道筋がある。それを意拳を学ぼうとする者が「王は站椿に中国武術のエッセンスをシンプルに込めた」と画一的に果を理解しては、王の言わんとしたことを受け取っているとは到底言えないだろう。

前者は本質という意味でのシンプルさについて「站椿を通じて」述べている。決して「本質はシンプルだ」という言い切りをしてはいない。だが後者は「これを行えばいい」と具体的に実行できるシンプルさを站椿に見出している。

うっかり見逃されがちな「シンプル」という文言だが、これを安直に理解してしまっては、そこに込められた意味を取りこぼしてしまう。

シンプルであることを「夾雑物《きょうざつぶつ》がなくなった」という意味で把握することと、「物事を一面化することで頼りやすくなった」と自分にとって易く解するのでは、同じ文言を使っていても雲泥の差がある。「形同実異」という現象は、動きだけに限った話ではない。言葉を聞き、話し、また文字を読むのも耳や口、目、手の運動だということが、なぜか見落とされがちだ。言葉を通じて意味を伝え、受け取るのも、やはり感覚的な運動なのだから、言語の把握にも体認がない限り、形骸化は言葉の上にも簡単に起こる。

意拳で稽古する内容はあくまで手段であって、そこに「〜のため」といったはっきりと寄りかかれる「確かな具体性を持たせてはいけない」と王は断言していた。多くの門弟がその意図を量りかねたのだから、「站椿をやりなさい」といった言葉をうかつに「ただ我慢してポーズを取っていれば、そのうち何かが得られる」「エネルギーを増強させる」「中心感覚を得られる」と理解しては、形同実異にしかならないだろう。

韓氏意拳では運動に関して根本法、具体法という弁別法を設けている。根本法とは、身体の運動の大原則で、自然とも舒展とも呼ぶことができる。比べて具体法は原則に対する細則で、具体的な動作を表しているが、膝の角度や手の上げ下げといった具体性のある動作だけに注意してしまっては、自らを型にはめることにしかならない。だから站樁にエネルギー増強などを求めたりするのは、具体法として站樁を考えていることになる。

韓氏意拳の言う根本法をセオリーと呼んでもいいだろう。王が「三種で十分だ」と答えたのは、そこに本質が絶対的なセオリーとして表されており、站樁の構造に「セオリーが内在している」と思うまでもなく思ったからで、だから「なぜ他に必要なのだ？」という問い返しを当然のようにしたのだろう。

けれど、多くの者が「三種の站樁をただ行う」ことで、言わんとする内容を理解できなかったという事実がある。問題は「セオリーは具体的な形にして実行できる」と思った途端、セオリーは消えるという大きな落とし穴があることだ。「形にセオリーが現れる」ことと「形にセオリーがある」と考えるのは、まったく違う。だから光岡師はこう言う。

「絶対のセオリーはセオリーとしては存在しない。絶対的な原理原則としては存在する。たとえば地球は太陽との関係において〝絶対に相対的関係が同じ位置に毎朝いつも来る〟とは言えない。けれど地球が自転し、また太陽の周りを回ることとは〝原理原則〟としてあって、そこには普遍性がある。それが根本法であり、意拳で言いたいことです」

これが難解な説明に聞こえるのは、絶対のセオリーは絶対であり、絶対とはそれ以上分割できないもので、「これは〜である」と具体的な形（言葉）に分節して述べられないからだ。「絶対のセオリーはセオリーとしては存在しない。絶対的な原理原則としては存在する」とは、「絶対のセオリー」は存在の本質である以上、それは存在するもののあり方を決める基底で、理そのものだから具象化できない。

「絶対のセオリー」など観念の産物で、絵空事だと相対化したがる人もいる。そういう人は、科学という方法論が存在する意義を見落としている。

自然であれ人であれ、そうした存在が「存在しえる」という事実が現実にある以上、そこには普遍的なセオリーがある。ただ、セオリーは状態としては存在するが、外在化することはできない。その存在と運動について完全に記述することはできない。

それは現れたことの内に〝示されない何か〟として辛うじて把握できる。だから「もどかしさ」を通じてしか表せない。

「セオリーを把握することを〝悟りを得た〟と言うのが正しいかどうかはともかく、説明はできないけれど、〝何か〟があって、それが宇宙観とつながって、それをみんな自然や神と言ったりするわけです。それの表現の仕方がわからないから、〝何か〟を神秘化するか型にしてしまった。過去の武術の問題はそれだった」

神秘化でもなく型でもなく、それを学にしたことが意拳の利点で、学というのは破綻のない論理としてではなく、普遍性についての問いが絶えず書き加えられる体系を指す。

意拳は存在を科学する

存在が存在する。ふたつとない存在が存在し続けているという事実がある限り、そこには普遍性がある。普遍性は結果としての形ではなく、存在が存在し続けているという運動の過程に宿る。というよりも、そこにしか宿らない。

「王先生の技を受けた人が〝天井まで飛ばされた〟という話もありますから、それは神秘と言ってしまえばそうです。現に神秘主義の武術家が王先生の時代からいたわけです。〝神秘的な技〟という結果として現れるものは否定しません。実際に自分の意志とは関係なく技がかかることもあるし、結果がある以上は何か原因があって、その技にかかりたいという人間が出て来るのもひとつの結果です。心を動かす何かがあるからそういうことが起きる。しかし、そういうものは武として成り立たないでしょう。王先生が拳学・武学という言葉を使っていたように、意拳が学問である以上、確率的な〝そうなるかもしれない〟といった、ただの神秘ではすまされません」

王が意拳を武学、拳学と称したことと、韓星橋師が「意拳は科学的でないといけない」と強調したことは符合する。ここで言う科学は、いわゆる科学の概念と異なる。現代科学が結果を達成点として求めることに重きを置くなら、韓氏意拳の言うそれは「進化するプロセス」ということで、「あることを行って正しいなら、なぜそれが正しいか検証してみる。検証して再現性があるかどうか試みるが、結果に束縛されず次の結果を見出していく。それが重要」とするものだ。

留意すべきは、再現性とは結果ではなく、結果にいたる過程に備わる働きを指す。だから「再現性を試みる」とは、「発力で相手を飛ばす」という果をくり返すことに法則性を見出し、それを試みるところにはなく、そこに能力という未知の因が表現されているかどうか？　と問うことにある。

意拳が武術の新しい流派ではなく、武学であり拳学と称したのは、師の真似や型を覚えることで、術や道という確固とした達成が得られると思ってしまっては、能力を標準化こそすれ、能力の解放にはならないからだ。具体的な技法を学ぶことは運動の特定化につながると考えたのだ。

特定とは限定であり、特定化とは分節化、情報化ということだが、情報化とは既に知った過去の事柄であり、「いま・ここ」の移ろう世界の出来事ではない。それは硬直であり、死形であり、自然や舒展とは無縁だ。

特定化できないことは曖昧で、かいつまんで話すことも秩序よく述べることもできず、「曰く言い難い」感じだけしか与えないかもしれない。能力がなぜ具体的ではないのかと言えば、老子がこう述べているのが適当なように思う。

道の道とすべきは、常の道にあらず。名の名とすべきは、常の名にあらず。
無は天地の始に名づけ、有は万物の母に名づく。
故に常に無はもってその妙を観さんと欲し、
常にその有はもってその徼を観さんと欲す。
この両者は同出にして名を異にす。
同じくこれを玄と謂う。玄のまた玄は、衆妙の門なり。

無形だからこそ、把握することは難しい。だからこそ汲めども尽きない源泉であり、それが自己の能力を開放し、自然へと導くのではないか。

韓氏意拳が具体的な形にならない能力を養うことを提唱するのは、無形であるからこそ、絶えず「学」として更新される可能性を秘めているからで、形を求めてしまっては、「道」あるいは普遍性、原理原則は消え、具体的な運動に関するルールができあがってしまい、その外に出ることはなくなるからだ。

韓氏意拳の站椿

ここで韓氏意拳の站椿について述べると、初めに学ぶのは「挙《ジュ》、抱《バオ》、捧《パン》、推《トゥエィ》、按《アン》、劃《ファー》、提《ティ》、結束《ジェシュー》」の八式だ（書籍の写真では所々の形しか載せらず、站椿の一番重要な所でもある実際にどの様に動いて站椿各式の〝形〟に入れば良いのか、そのプロセスを静止写真なので載せられません。ご了承お願いいたします）。

挙式・ただ自然に伸びやかに手を挙げる。「挙げよう」として挙げるのではない。左右の掌は平行だが、かといって形を保つことにこだわるのではない。挙式が人間の最大有効範囲を教えてくれる站椿になる。

抱式・挙式から小指が肩の高さになるよう腕を下ろし、指先から何かを寄せる感じで包

01 挙式

02 抱式

03 捧式

04 推式

05 按式

06 劃式

07 提式

08 結束式

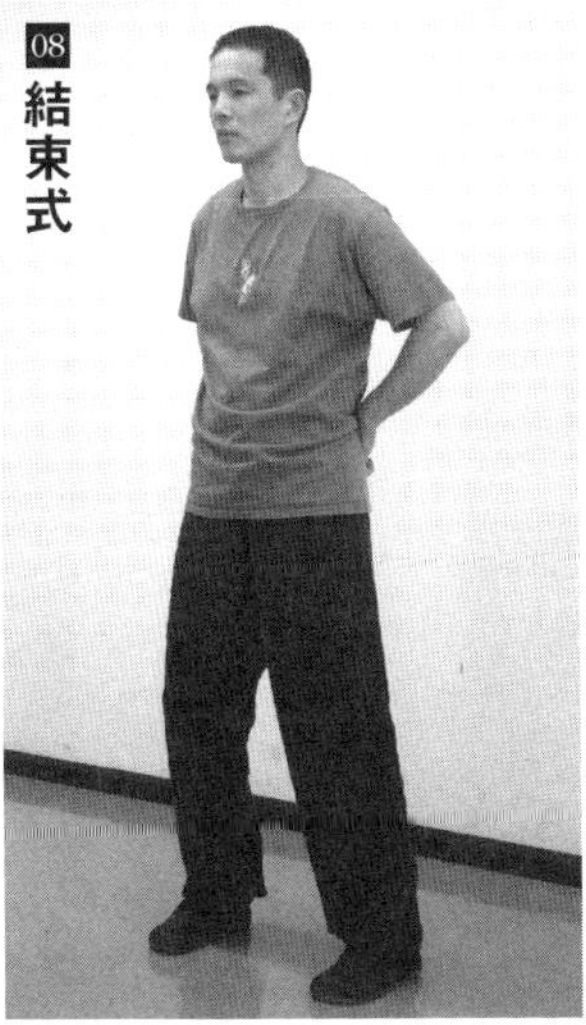

むように動く。その「何か」の大きさ、重さ、形をイメージし、考える必要はない。また下ろしてから寄せるといったように動作を区切るのではない。

寄せる動作とは、手をAからBに持って来るような平面的な動きではなく、A→B[1]、B[2]、B[3]……と「抱」の感覚がずっと続くことが重要で、それはちょうど鐘の音が余韻として響くような、雪が溶けて消えて行くような感じだ。かといって、鐘の音や雪をイメージするのではないし、寄せた手を保つことが重要ではない。

抱式の状態になれば、足を肩幅くらいに広げ、腰を落とす。腰を沈める高さはバスケットや卓球を行うときのように、自分が動きやすい高さで、無理に低い姿勢をとらない。

捧式：抱の感覚のまま、手を下げ、ものを持ち上げるような動作で真上に挙げる感じで行う。「ような」であって、実際にものを持ち上げる動作を再現するわけではなく、ものをイメージして上げるのでもない。また抱の感覚を意識して行うのではない。やればやるほど力が入るように行うのではなく、ただ自分の動作を行う。手が上がるにしたがい、自然と身体が下がるが、これは意識して下げるのではない。

推式：捧式から抱式に戻し、指先から斜め上前へ伸びる。自然の能力の表現として、このような形を推と呼ぶだけで、推という形があるわけではない。肩を支点に手を伸ばすのではなく、ただ前へ出す。

按式：推式から手を真下に下げる。肘で引くのでも、腕で下ろすのでもなく、指先からただ下ろす。捧式とは逆に、手が下がることで身体が上がるが、意識して上げるのではない。

劃式：按式から手を身体の左右に広げるが、手や肘が体側より後ろへ出ることはない。そこから前へ出す。身体の中心に向かって開合の要領で手を出すのではなく、指先からまっすぐ前方へ出す。

提式：劃式から手を真下に下ろし、肘が横に広がるよう腕を左右に広げる。広げようとするのではなく、ただ広がるように行う。

結束式：提式から手を下ろし、腎臓の位置あたりに手を持って来、足幅を縮め、膝を伸ばして立ち、身体全体で斜めに立つ。重心は足の前方にかかるが、足指に力を込めない。

視線は前方に置く。

いずれの動きも「行おう」として行うのではないし、またどの動きにも抱の感覚、自然舒展の感覚がともなうが、それは捧式の際に「抱の感覚を保たなくてはいけない」と考えることでも、感覚をなくさないように想うことでも、イメージすることでも、慎重に行うのでも、正しく行おうとするのでもない。ただ伸びやかに行わなくてはいけない。

また動作を正確にくり返すのでもない。動きをくり返すときに、一回目に行った動作をわずかでも思った時点で誤りになるのは、正しい動作を思い描き、標準的に行ったからで、それは未知の体認ではなく、既知の確認に過ぎない。

站椿の理解には新しい運動の概念が必要

通常であれば、ここでさらにそれぞれの站椿を実践する上で必要なチェックポイントを書くのだろうけれど、そういうことには意味がない。というよりもチェックポイントを数え上げようという発想には、決まりきった定型の運動なり形があるものだという思い込みがある。

それでは站椿に具体的な方法を求めて、委ねてしまっていることにしかならない。

站椿は何かを得るための解ではなく、能力を求めるための問いであり、寄りかかることのできない仮の方法で、だから站椿の形は保つことが目的ではなく、形が言わんとする身体のいまの状態を知る（体認）ことにある。

韓氏意拳では站椿はあくまで体認の仮借法に過ぎない。経験したことがないことを経験するのが体認であるのならば、未知は確認して言語化することはできない。韓競辰師はこう説明する。

「多くの場合、站椿を〝何時間立った〟とか〝誰が低く立てるか〟という目的で捉えがちです。韓氏意拳においては、站椿とはそうした力を増すためのものではありません。また世間では〝エネルギーを強化、蓄え、爆発させる〟ためにあるとも説明されますが、このような解釈もしません」

「形体が運動中の構造を把握するためにあるのならば、站椿は〝運動の合理的な構造〟を理解し、養うことでもあります」と光岡師は説明するように、韓氏意拳では站椿によって「自分の身体がどの位置で能力を最も発揮できるか」を探る。それは形を〝つくり〟、それを保持して力の実感を得ることとはまったく違う。

そして、この「探る」ということは、何か具体的な目的を置いて、それに向けて一定のルートを歩むことでは決してない。「能力を養う」「運動の合理的な構造の把握」という目標はあるにせよ、そこに向かう道は無限にあって決まった形はない。曖昧なものを曖昧なままに把握する過程が体認であって、曖昧なものを確定して実感を覚えることではない。

站椿を行うことで告げ知らされるのは、あくまで「いまの自分の状態」であって、何か想像上の事物を持っているだとか、抵抗を感じるだとか、強くなった自分を想い浮かべることでも、相手を引き裂くような勇猛なイメージに自己を重ねることでも、ない。自分を自分に押し付けるために站椿はあるのでは、ない。

では、站椿はどうやって行えばいいか？　といえば、「今の自分はどういう状態か？」という体認でしか問えない問いに、その都度答えることで進むべき道を知る。この問いかけに応じる中で、次の風景は開ける。この応答に深度、あるいは真は求められても、正解や達成すべき具体的な目的はあらかじめない。韓星橋師はこのように言ったという。「意拳の稽古は人に道を尋ねるようなものだ」。

目的地に行き着くまでには、選択肢はつまるところ〝あれかこれか〟の連続だ。だから、どちらかに決めなくてはならない。それが現実的な選択だ、と思われがちだ。確かにその都度の選択はある。しかし、「この先の道がふたつある」と知り置くことと「この先の道を進むには、選択肢はふたつしかない」と考えることは、同じではない。

前者は、「この先」へ辿るまでの過程において、一足は踏み出すごとに問われ、そのことで自ずと歩む先は決まっても、次の瞬間まで踏む足の行く先はわからない。なぜなら〝この一投足〟は、〝いま〟踏み置かれるからだ。比べて後者は描かれた図に従って、予測された未来から逆算したルートを進む。

韓氏意拳は前者を取る。道は歩みの中に現れる。もし行き先を予め限定しているのであれば、それを行っているのは他ならぬ自分だが、それは「思考がすべて」と思い込まれ、限定された自己である。

予測し、選び取る決断力が賞揚され、それが現実的なものの考えだと言い募る人もいるが、それは本当に現実的なのか。自分がそう思いたい現実ではないのか。そうであれば、それは我執とどう違うのか。

「それ道はいまだ始めより封あらず　言は始めより常あらず」『荘子 斉物論篇』
（道とはもともと境界分別を持たないものである。言葉とはもともと一定した意味内容を持たないものである）

ラディカルであるとは明確な態度や意志といった形には見当たらない。根源的に問うことこそ、その名にふさわしいのではないか。

だから站椿がエネルギーを蓄えたり、下半身の鍛錬、上下・左右・前後の力といった具体的な目的を得るためにあるなら、それは能力を一部に集中していることであり、一部に執着することで能力を自ら限定することにしかならない。

私は身体の運動によって存在する。その結果、私という表現も生じる。そうであれば站椿＝「運動の合理的な構造を知る」とは、「生きている自分という事実ありのまま」を知ることに他ならない。ありのままが何かに限定されるいわれはない。ありのままを知ることによって、自分の持っている能力を尋ねてみるのだ。

「運動の合理的な構造」は、合理的なのだから「力感」や「形を保たなくてはいけない」という合理的でない、余計な要素の入り込む余地は、どこにもない。だから、ただの自分＝「運動の合理的な構造」を把握する上で、見るからに強そうに「自分は站椿をやっている」と実況するかのような気張った力感で站椿を行う必要はない。

なぜなら力の中に力は存在せず、能力の一部として力は存在するからだ。力に頼るものは、力だけを使っているにすぎない。

合理的な構造を「わざわざ行う」のではなく、ただ合理的な構造「である」ことによって、余計なものは除かれ、そのことで自分の能力を探し、発揮する。これが韓氏意拳の站椿についての概念だ。それが王の言わんとした求めるべき「神意」だと韓氏意拳では考える。

知ろうと望むことを放棄する

能力は本来標準化されないものならば、站椿は「これを行えばいい」と具体的に実行できる単一な形ではありえない。

站椿は固定した形を維持することが重要ではない。だから「外見上こうでなければいけない」というような腕の位置だとか膝の角度をチェックしたり、重心が爪先寄りか踵《かかと》寄りかと思いあぐねることは、まったく重要ではない。形は大事ではあるが、そこにあまり留意しなくてもいいのは、体認のない形を保つことは死形でしかないからだ。

站椿が「形があって形はない」と巷間言われるのは、それは、セオリーは形ではなく、内在する運動だからだ。「站椿はいまの自分がどういう状態であるかを教えてくれる問いかけ」という不断の運動であり、だから有形であって無形なのだ。

無形のものを知るにはどうすればいいか。「わからないのが一番いい。わかったと思った途端、それは誤りだ」と光岡師は言う。「わかった」という実感は体認とほど遠い。「あえて知ろうと望む」ことを放棄することが、無形を無形として把握する上では重要で、しかも、知ろうとすることをわざと放棄するのでもない。

人が最も知りたいと望むことは、「自分の知らない」ことについてだ。知りたいことは、その「知らない」ことではある。しかし、人が本当に知ることができるのは、「自分はそれを知らない」ということだけだ。

知らないことを知って行くには、どうすればいいか。経験で何かを獲得し、語れるようになることは、むしろ「知る」ことから遠ざかるだろう。経験は生起する出来事を既知に組み入れていき、新しいことが起きると過去を参照しようとする。

既に知っていることは、既に知っているのだからわざわざ呼び出すことも、確かめる必要もない。既知という形を手にしないことが、最も知りたいことを知る術になる。

鋭い刃を持つ剣は、その鋭さから刃こぼれは早い。貯えた富はそれゆえに略奪される。多くを望む欲望は、それに見合っただけの飢えを募らせる。どれも鈍さ、空虚さが足りない。

上善は水の如しというが、形がないとは目立たないことで、その目立たなさがどういう意味を持つかわからない世の中ではある。奥ゆかしいから目立たないことがいいのではない。目立たないのは、ただ在るだけだから目立たないのであって、それ自体に是非の価値はない。分別することができないからこそ、そこに無尽の知があるのではないか。

教学同一というコミュニケーション

韓氏意拳の学習内容を経験的に語ることはできない。感覚や形を通じて語ることもできない。具体的な形にして、「それは〜である」と名指しした途端、形同実異に陥り、形骸化してしまう。

形骸化による失伝は、伝えるべき技術の水準自体が落ちてしまって起きるというのもある。そもそも根源的には、教える側と学ぶ側のコミュニケーションに断絶が生じるからではないか。それは教える者と学ぶ者との隔たりが原因ではない。むしろそれは当たり前なのは、教える者は学ぶ者よりも多くを知っているからで、初めから格差はある。だから差そのものは問題ではない。

では、形同実異による形骸化はどこからやって来るかと言えば、教える者も学ぶ者も伝達される知の現れだけに注目することにあるのではないか。

たとえば「站椿を長時間行った」「発力で人を飛ばした」「この感覚に注目すれば上達する」だから「すごい」と、結果に目を奪われたとき、起きている現象から受け取るべきメッセージを確実に見失っている。

知らない者が知っている者に惹かれるのは、その知の質や量という結果だとみなされがちだ。だが、本当のところは「私は何を知らないか」を告げ知らされるからだろう。あるいは自身の知り得ない「私とは何か」「私の欲望は何であるか」を名付けられるからだと言ってもいい。つまり教える者が学ぶ者よりも知っているのは、「問い方」だ。

だから「自分はわかっている」という思いで何事かを語り、伝える者は、刻々と変化する世界に対し絶対的に遅れている。どういう事態が起きても、既に知っている出来合いの知で回答するのは、もはや「そう見たいから見ている」に過ぎないからだ。自他の変化を勘定に入れない時点で居着き、遅れてしまっている。

教える者と学ぶ者の間で伝授されるのは揺らぎのない解答としての知ではない。伝えられるべきは結果としての知ではない。だから「站樁を長時間行ったという現象を求めることに意味はない」と光岡師は言うように、そこに着目し、達成されるべきゴールとした途端、形骸化は始まっている。

そうではなく「そこに真はあるか。能力と呼ぶべきものが表現されているか?」と学ぶ者がそう問いを発することに意味がある。

教える者が学ぶ者よりも知っているのは、問うとは探し求める過程それ自体であることだ。そこではより深い問いが立つかどうかが重要になる。だから学ぶ者が問う者を追いかける時、そこに芽生えるのは、「私の知らない問いかけが存在する」という謎への誘惑で、両者に差はありながらも未知への問いかけを行う上では共通している。

両者が未知を挟んで「自分の聞きたいことだけを聞く」「自分の言いたいことしか聞かせない」となれば、未知を介してのコミュニケーションから、自分の欲望に相手を引きずり込むか、欲望によって相手を呼び出すといった、他者が存在せず、呼応のない断絶した関係が生じる。それが伝えられるべきメッセージが誤解されるという形同実異の始まりではないか。

教える者と学ぶ者が共通していたのは、「何が真か？」という問いのはずだった。

「初めて韓競辰師に站樁を学んだとき、その指導の意味はわからなかった。けれども言わんとすることはわかった。また後に〝教学同一〟という文言も教えられ、初めは〝どちらも互いに学ぶところがある〟という意味で理解していた。けれど今は違う」と光岡師は言う。何が今は違うかと言えば、教える者も学ぶ者も探求しているのは、決して具体的な形や力ではなく、真であり、それは現実と呼ばれ、原理原則とも呼ばれるものだ。真を求める上での問いかけの深さに差はあっても「同一」なのは、問いの方向性において両者は呼応するからだ。

本当にいい問いというのは、やり取りされている対話のステージを別の風景として出現させる力を持っている。それは両者が通じあって初めて成立するし、互いの指差す方角が同じでないと生まれない。だから韓氏意拳では教学同一が重視されるし、それは体認抜きにはありえない。

站樁は名指しできない何かをそっと感じ続ける

「南海と北海の中間に渾沌《こんとん》という王がいた。南海と北海の王は、渾沌のもてなしへの返礼として、渾沌がのっぺらぼうなのを哀れに思い、一日にひとつずつ目や鼻を穿《うが》ったのだが、渾沌は七日目に死んでしまった」。そういった話が『荘子』に記されている。

時間の中で展開する運動を人は存在と呼ぶが、それを「存在」と名付けた途端、名付けられた対象は運動を止め、死ぬ。名付けえぬものを人は忌避しがちだ。その曖昧で奇妙な、名付けられない「何か」が自由、あるいは自然舒展というものではないか。

だから自然あるいは能力は「〜のため」と具体的に名指しされた時点で限定され、伸びやかさは失われ、自己を知る探求の道は閉ざされ、そのことで形骸は得ても実は失われる。

意拳の恐いところは、「これだ」と実感し、確かなことだと思ったことが、まさに誤りだというところだ。「体認がある」と名をつけた時点で似て非なるものになってしまう。

たとえば抱式について言えば、つい「抱く」形を作って、その形を保つことが抱式だと思ってしまう。作った形を維持する中で生まれる感覚を味わったり、実感という重み付けを感じたり、抵抗感を覚えることが体認だと思ってしまうのだ。それは感覚の具体化であり確認でしかない。

挙式で挙げた手を肩の高さに下ろし、抱式にする。このとき伸ばした手をAからBに持って来、止めて形をつくることをつい目的にしてしまう。だが、このAとBの二点間の単線的、平面的な運動を行うことは、抱式で体認される状態ではない。

「AからBまで」とピリオドをつけるのではなく、AからB……と、ただスピードが遅くなっているだけで運動は止まらず、体認はずっと続いている。それは「静中有動」と言われるものではあるものの、難解なだけに、どういうふうにも解釈できてしまう感覚ではある。

少なくとも、自分の行っている動きが「これが静中有動だ」と感じて確認されてしまう程度のことであれば、それは静中有動とは無縁なことは間違いないだろう。

実感でもなく、形の確認でもない。力の増強でもなく、それが能力の表現とするなら、この抱式ではいったい何が表されているのか。

「骨格や筋肉だけでなく、人が存在する上でのありとあらゆるものを含んだ人間の構造。それに伴って一番中立を保てる位置が抱です。これを身体の構造で考えるとどういうことかと言えば、抱式は手が完全に下がっている状態と上がっている状態のちょうど中間。また曲がる状態、伸ばせる状態のちょうど中間であり、肘が回旋できる範囲のちょうど中間に空間的に位置を占めます」と光岡師は言う。

「空間的に位置を占める」の意味するところを伝えるのが難しいのは、「占める」とは形をつくって、固定した形を保つことではないからだ。站椿は「運動の合理的な構造」で、つまり構造自体が運動を伴うのだから動きが固定し、止まるということはあり得ない。

ある動きを行うときに、形をつくったり、さらにそれを保とうとする考えが頭をもたげてもおかしくは感じない。だが、この発想の奇妙さは、いまの自分ではない理想の状態を思い浮かべて形成しようとするところで、それは自分で自分をいまではないどこかに追いやる。もしくは自分で自分を追いかけることでしかない。いまを生きているにもかかわらず、いまの自分ではない状態を思い浮かべることは、倒錯以外の何者でもない。

「ただ抱を行う」とは、予め考えた抱を保つことや、丸い球のイメージを抱くことでもなく、また抱の形にしようとして、「手を寄せる運動」を行うことに注目するのでもない。「ただ抱を行う」ことで運動の中にある働きを表現するだけだ。

人は内在しないものを表現することはできない。抱という能力が予め存在するから、それを表現できるのであって、何か目新しい運動を行うから抱が作られるわけではない。その働きがあるから表現できる。

それは手を寄せる運動や形より前に存在する。運動の中にその働きは現れても、「AからB」という単純に区切った運動を行う中には存在しない。

あくまで空間において存在する人の身体、つまり運動を伴った構造が中間の位置にあるときに現れる能力の働きを「抱」と名付けている。現れは形がないと現れないが、形の中に現れはない。能力の表現として形があって、だから形をつくり、保つことが目的ではないのだ。

抱とは物理的変化の起こる臨界状態を指す

空間における上下、屈伸、回旋の中間の位置とは、ニュートラルと言っていいが、これは一番力が出やすく、入りにくいところでもある。「出やすく、入りにくい」と書くと、緊張と弛緩をわけるポイントだと受け取られがちだが、そうではない。ニュートラルとは、わざと力を入れるのでもなく、抜くのでもない。力の出入力を意識的に調整すれば、ニュートラルになるわけではない。

抱とは物理的変化の起こる境目＝臨界であり、そのどちらにも着かない状態とは、どちらにも着けることでもある。だから身体構造にとってニュートラルな抱の位置とは、最も円満な状態で、自分の構造を理解しやすい場所ということになる。

ここでいう自分の構造は、手や肘の角度に気をつけるとか、肩が緊張しないよう確認して行う中で得られるような、運動の関係性や形という「ある局面」を意味しない。「自分の構造」とは自分自身のことだから、当然「身と心」を含めた全体を意味する。つまり最も円満な状態とは緊張でも弛緩でもなく、自分が自然に舒展している状態を指している。

他の站樁においても、そういう抱の感覚があることは前提だが、かといってそれは按式の最中に抱を思い起こすことでもないし、抱の感覚を忘れないよう保つことでもない。また抱の感覚と按の感覚の合成ではなく、融合されていることが大事で、抱の感覚を既に知っているのであれば、わざわざ想起する必要はない。

抱は緊張でも弛緩でもなく、「あえて行う」という力感もないニュートラルな状態だが、それを体認することが「どうして攻防につながるのか?」と疑問に思ってしまうだろうし、当初、私もそう思ったのは、抱に具体的な力など感じられないからだ。いくら「具体性を便りにすると錯《あや》まる」と言われても、不安を感じずにはいられない。

「どうして攻防につながるのか?」という疑問と不安に対して、初めは「ニュートラルな状態は能力を発揮しやすいから」「構造が安定しているから」と、結果を持ち出すことで、不安の穴を埋めようとしていた。だが、それは站樁をやれば「下半身が鍛えられる」とか「中心感覚が得られる」と考えるのと同じで、仮の手段に具体性を持たせ、結果から結果を得ようという発想に他ならない。

そういう答えを得ようという考えは「なぜ不安になるのか」という最初の問いを覆い隠すことにしかなっていない。

不安を覚えるのは、そこに「具体的な力感」が見当たらないという怯えに裏打ちされているからだ。では不安がどこからやって来るかと言えば、「何か具体的に行うことで感じた力感によって自信が得られた」という経験があるからだろう。

しかし、力感とは相手にではなく、自分に対して感じられるものであり、また自信とは「何かをやっている」から得られるものではない。それに過去にできたことは、過去のことであって、いまのことではない。

いまの出来事に「力感を覚えるようなことを行ったから自分は大丈夫だ」と思って臨んでいる時点で、既に己に不信を持っているわけだ。不信をいくら重ねても自信にはならない。

不安が生じるのは、自己の存在への信頼を言葉で担保しようとするからだろう。担保は経験的に得た成果に正しさを見出したり、経験的な知識や認識から推測される正しさの確率であったりする。けれど成果は過去のことであり、いま起きている新たな出来事への自信として充当できない。

また正しさの確率については、明日の降水確率は三〇パーセント、飛行機事故の事故率は仮に一〇パーセントとしても、私の人生においては、明日の雨は降るか降らないか、事故で死ぬか否かは一〇〇か〇しかないわけで、何ら安心の確証にはつながらない。

言葉を反芻し、自らの行いの正しさを証明しようとするが、それは順序が逆なのだ。ありのままを体認し、その上でその質感が言葉になる。

「特別何かを行っている自分だから大丈夫」といった文言を心中に唱えて言い聞かせなくてはならないのは、自らを信頼していない証で、不信がそうさせる限り、くり返しアナウンスされる。信とは思い込むことではなく、ありのままの事実を受け入れることだ。だから力や感覚で特別に仕立てた「ありのままではない」自分は、鍍金に過ぎないことを当人がいちばん知っている。不安になるのは当たり前だ。

人は生きている限り変化し続けるのであれば、いまの自分というものは仮寓であり、次に進むための足場に過ぎないのだから、ただ、そういう自分が自分であることを認めることが自信になるのではないか。それに、力や感覚は能力の一部でしかない。一部に自信を委ねようと自分でわざわざ行っていることがそもそもの誤りなのだ。

心は多面体でできている

そうはいっても不安を覚えると、ついその訳を追及したくなる。しかし、不安の原因を探ることは、それほど大事なことなのだろうか。

不安には実体がない。不安について考えても、不安そのものという本質は見出せない。原因を追及しても現れるのは、不安について自分が思い、考え、感じる質感だけだ。

けれども不安に襲われ、不安について考え出すと、まるで「不安」というモノが心の中に実在し、何か具体的なしこりが存在するかのように思念されるが、不安はモノとして存在せず、実体を伴わない。

郵　便　は　が　き

恐れ入ります
すが、52円
切手をお貼
りください

101-0051

東京都千代田区
神田神保町1-11

晶　文　社　行

◇購入申込書◇

ご注文がある場合にのみ
ご記入下さい。

■お近くの書店にご注文下さい。
■お近くに書店がない場合は、この申込書にて
直接小社へお申込み下さい。
送料は代金引き換えで、1500円(税込)以上の
お買い上げで一回230円になります。
宅配ですので、電話番号は必ずご記入下さい。
※1500円(税込)以下の場合は、送料530円
(税込)がかかります。

(書名)　　¥　　(　　)部

(書名)　　¥　　(　　)部

(書名)　　¥　　(　　)部

ご氏名　　㊞　TEL.

ご住所 〒

晶文社　愛読者カード

お名前《ふりがな》　（　　歳）　ご職業

ご住所　〒

Eメールアドレス

お買上げの本の
書　　名

本書に関するご感想、今後の小社出版物についてのご希望などお聞かせください。

ホームページなどでご紹介させていただく場合があります。(諾・否)

お求めの書店名		ご購読新聞名	

お求めの動機	広告を見て（新聞・雑誌名）	書評を見て（新聞・雑誌名）	書店で実物を見て 晶文社ホームページ〃	その他

ご購読、およびアンケートのご協力ありがとうございます。今後の参考にさせていただきます。

不安は心の状態であり、ある彩りをたまさか見せる一面であって、心のすべてではない。それは移り往く雲の形であり陽光に煌めき変じるシャボンの色だ。心を不安という単色に染め上げる必要がないのは、心は刻一刻、常に流動しているのだから、単色に染め上げられることのほうが大いに不自然なのだ。

不安に染まるのは、その他の局面を排除しているからであって、あえて自ら不安以外を見えなくしていることでしかない。襲われた不安を増しているのは自己に他ならない。

不安を覚えているのが他者ではない以上、不安は自己そのものである。けれども不安を知ることは、自らを知ることと関係ない。自己はその知ろうとする試みの外に存在する。なぜなら認識によって「知られた」ものは既知であり、言語化されたものは、流れを留めたものでしかない。

いまの雲の形を言葉にできても、それはもういまの雲ではない。心臓について考えても心臓は止まることはない。言葉によって運動を止める行為は、絶えず運動し続ける自己には関係がない。いや、かつては関係あったが、いまはもう関係ない。なぜなら、いまの中にかつては存在しないからだ。

韓氏意拳では、心は多面体でできていて、心の働きの能力としての現れには「思、念、意、識、想、憶、考、感」といったものがあるとする。心は取り出して外在化できるような存在ではないが、働きという有り様として在る。

現代では心の働きの思・考を偏重している。人が初めて出会う自然は自身であるが、それを思・考で捉えると「自己同一性」が生まれる。

立体であり、多面体の自然を思考し、言語にすると平面的、単線的になってしまう。情報化とはそういうことで、だから「自分という自然の生体」について思考すると「自分で自分の枠組みをつくり、限界づける」＝「自己同一性」にならざるを得ない。限界づけた自分を主観として、それをぶれることのないカメラのような定点として外界を見れば、それが「客観」になる。そういうイメージを主客関係に抱きがちだと思う。

客観化とは「見通しがよくなること」と思いがちだが、世界が切り取られ、縮小されたから見通しがよくなったように見えるだけだ。

それに私もあなたも細胞は絶えず流動しているのだし、自己は刻々と変わっている。そうであるなら、自己は決して定点に停め置くことのできない存在であるはずだ。それにもかかわらず、「自己は常に変わらないものだ」という確信を持ち、それを省みることがない。自己に根拠を置いても実体がないのだ。実体のない自己で自分を統括、管理することは束縛でしかない。

自己は思いや考え、感覚の中だけに存在しない。思考も感覚も能力の一部であって、それらでは自己のすべてを把握できない。なぜなら生はそれらに先行して存在するからだ。不安に囚われようとする眼差しは外に向けなくてはならない。外に向かう中に自己は生まれる。というのも自己は自己の内にあるが、世界は自己の外にあるからだ。

そして何より人は自己だけに留まることなく、自己の外にある世界の内に生きている。世界が「外」にあるとは、自己とは関係ないものとして、世界が世界として知られるという意味ではない。世界の「内」に存在しているとは、世界そのものと関わっているという意味であり、人は関わりなく世界に置かれて在るのではない。なぜなら人も世界のあるいは自然の一部なのだから。

世界は絶えず運動し、人の生は留まることなく運動し続ける。運動とはこの先の予測のつかない未知の出来事であり、自己の外にある未知の世界を尋ねることはまったく自然なことだ。

そうなると思・考という人の能力の一部だけでは、運動する世界を知ることはできないのは明らかだ。心の多面体すべてが開放された状態がもっとも世界を限定することなく知ることができるとするなら、実体のない心をどのように開けばよいだろう。

心は身体の覚えた質感を映す以上、身体を伸びやかにしたとき心は開放されるだろう。それを指して道家、武芸者は赤子の心、無病の身といったと思う。そう呼ぶにふさわしい状態が「確かにある」と感じられたから、そういう言葉使いをしたのだろう。

人は他の動物と違い、思い、考える能力の発達から文明をつくった。かといって、思考だけで生きているわけではなく、それらは能力の中の部分でしかなく、それ以外の能力と平等に存在する。

いまは一部の能力のために他の能力を注ぐことを「能力の開発」と考えがちだが、これは「そのほうが効率がいい」とか「合理的だ」「将来に役立つ」と頭の中で考えたからに過ぎない。しかし、力に身を委ねることで得られるものは、そんなに大したものだろうか。

勝敗は、力ではなく能力がわける

「人の能力を一〇〇とすれば、力は能力の一パーセントでしかない。脳による思考も一パーセント。力を使うことや考える能力を拡大し過ぎないようにしなければいけません。力以外の何が自分にあるかを問うことが必要です。自分はその他にどういう能力を持っているか？

たとえば手を挙げる挙式の動作の中では、具体的に挙げるのではなく、ただ〝挙げる〟動作をします。そのときに力を用いて実感を得る必要はないのです。それが不用力です。注意しないといけませんが、不用力とは力を全面的に否定する意味ではありません。現代人の多くは〝力を用いないこと〟を理解できません。あくまで力を用いようとするいままでの習慣を放棄するのです。

力を用いるのは自信のなさの現れです。なぜなら人には力以外にたくさんの能力がありますが、力だけを使っているときは、力以外に何も感じることができないからです。

力を使うことを放棄したとき、身体は自然な状態になりやすい。自然な状態になることで能力が現れてきます。具体的に力を入れなくてもできることがわかってきたら、自然能力は現れてきます」

韓競辰師はこのように説明する。

力という一部の能力しか使ったことのない経験しか持っていないのであれば、韓氏意拳の稽古の実感のなさに不安を覚えても仕方ないかもしれない。站樁で体認するのは、形でも実感でもない、力でも感覚でもない。まだ自分の知らない未知の能力だ。未知を未知として把握するのが体認なのだから、それが既知に還元できるわけもない。というよりも、する必要がない。

そうであれば能力全般を開放し、発揮した者と能力の一部に過ぎない力や感覚に依存した者とでは、どちらが優《まさ》っているかは明らかだ。韓氏意拳では具体的な技術で攻防を行うわけではないのは、能力の差がただ勝敗をわけるからだ。

だから王が勝負をことごとく一撃で終わらせてきたのは当然の話だろう。能力が全開され、

「ただ・いま」が充実している状態にあるのに、相手があれこれしようと考え、つまりは勝手に想定した未来から自分の動きを逆算したり、過去の成功例を参照するなどして、いまを疎かにし、能力を限定して攻撃を加えようとしても、いまをただ生きる厚みにおいて、圧倒的な差があるわけだ。勝敗は自ずと決まるほかない。能力が勝敗をわけるとはそういうことだろう。

だから相手を倒すのは結果としての現象であり、それが目的ではない。結果に目を奪われては、形を求めることになる。それは誤りの始まりでしかない。

拳の語源は「まるめて散ったものを集める」で、そこから転じて「包み込む」という意味がある。いまここの、この場に、敵として存在する相手すら包み込む。相手に囚われることなく、ただひたすら自分がそこに存在することを学ぶのが意拳なのだ。

王は立ち会いで、相手の攻撃を迎え撃ったところ、相手は大きく跳ね飛んだ。

男は驚くと同時に感動し、「いまの技をもう一度！」と願い出た。が、王はこう答えたという。

「私は自分がどう動いたかを知らない。だから再現することはできない」

あらゆることが情報に還元できると信じられている現代にあっては、物事には反復性があると思い込まれている。

だから「なぜ同じ結果を再現できないのか？」とその逸話に対して思うだろう。むしろこう問うべきなのだ。「なぜ同じ動きを再現できるのだ?」と。

相手に接触する瞬間の動きでは、自分に内在している能力しか表せない。外部から何かの成果を付け加えることなどできない。ただ、自分に備わっている能力を相手に伝える。それがたまたま打撃という形をとるだけだ。

決定的な瞬間にすべてを出すには、伸びやかにしようとすることではなく、ただ伸びやかに直接的に自分を表すほかない。その瞬間に不安に陥るのは、自分が信じられないからだが、信じていないのは自分自身である。他人が不安になることはない。不安になるのは、過去に経験した安心をいまに引き入れるというような、本来は不可能な事柄について考えようとするからだ。だが考えようのないことを考えられるわけがないのだ。

ただ自分が存在する。「ただそうある」状態をそっと保つことが、いつの頃からか人間はできなくなった。

野生の虎は恐怖に怯える暇を持たない。前へ出るか、後ろへ退くか。相手にも自分にも隙を与えない。虎はただ自分を保ち続けている。「ただそうある」とは思考では作り出せない。「私はこれから何をしようか」と逐一思い、考えるとは、不純物をわざわざ自分に挟む行為にも似ている。ただの自分をそっとしておくほかない。

過去と同じ自分は存在しない。ただ、「いま」の自分が存在し続けるだけだ。そういう「いまをただ生きる」夾雑物のない「ありのまま」という舒展した状態では、相手が迫り来るのも、自分が歩み寄るのも同じになる。というのも、そこで起きるのは「ただの自分」という存在の表現でしかないからだ。相手を包み込むとはそういうことだろう。

韓氏意拳における「ただの自分」とはイメージがもたらすものではない。ただ動く中で現れる。

意念ではなく一形一意で動く

站樁の目的は、合理的な構造によって自分の能力を発揮することだが、韓氏意拳ではこれを理解したら決して美化しないようにしないといけないと考える。というのは、站樁はあくまで手段であり目的ではないからだ。さらに站樁について、よく言われる、「意念で身体内部に緊張と弛緩を生じさせ、強化させる」ことについても注意を促す。意念活動とは何かと言えば、「大きな球を抱える」とか「波を押し返す」といったイメージを生む意念活動で緊張と弛緩を体内に生み、意のままに微細に動く身体をつくろうとするようなものだ。

韓氏意拳は、意念というイメージを喚起する力の用い方を否定する。しかし、これは意念という存在を否定するのではない。意念という概念がある以上、意念というものはある。ただ、意念はあくまで日本語でいうところの「たとえ」であって、「大きな球を抱える」とか「波を押し返す」といったたとえを実感しては、本来たとえを用いて語ろうとしていた目的を失うし、言わんとした実質は損なわれる。

月を見るために誰かが指差したとして、いつの間にか指を見ることが目的になってしまっては、本末転倒だ。光岡師は言う。「意識的にイメージすることで実質が生まれるわけではない。実質があるからそこにイメージが入り込める」

だが、多くの意念活動は、頭で何かを想像して、特定の状態を作り出し、それを身体に行わせ、力を増強しようとしたりする。そのような実質のない運動過程を韓氏意拳は「意造」と呼び、斥ける。

意造とは、いわば工業製造の原理だ。頭で命令して、同じことをくり返す単一的な作業を指す。しかし、動きに「同じ動き」という再現性など本来はない。本来はないものをくり返すから意造なのだ。韓競辰師は言う。

「世間一般でいう意念の中には、〝大木を抱く〟というものがありますが、そういうことなら問題は簡単なはずで、自分の頭の中で大きな木を抱いたり引っ張ったりすればいい。そうして意念を強化すればいいだけになります。このような簡単な原理で身体に命令することで動作をつくり出すことができるなら、わざわざ練習をする必要がありません。しかし、本当にそれで上達するのでしょうか？　それで本当に一本の木を引き抜いたりする力が得られるわけではありません。だとしたら、それは偽の意念で偽の動きをしていることになります。韓氏意拳は頭や言葉で行うものでなく、実際に行動します。だから韓氏意拳では一形一意を表現します」

韓氏意拳の要訣に「一形一意」がある。形は身体、意は指示する作用であり、文字通り指し示すだけで、決して命令というような運動を統御、管理することを意味しない。

意は思いの始め、行動の原点、ベクトルであり、方向性の指示であり、たとえて言えば「→」のようなものだ。

箸を用いて食事する際、箸の持ち方についてイメージすれば食べ物を素早く取れるわけでも、食事が人よりおいしく感じられるわけでも、肉を豪快に切り裂けるわけでもない。ただ目の前の食事を口に運び、食べる。それが一形一意だ。

意とはあくまで指示であり、これは身体を「どう動かすか」と命令したり、考えることではないし、イメージすることでもない。ただの「意」でしかない。頭はただ指示するだけで、具体的にどのように動くかは身体に任せ、身体によって表現する。

身体に任せるというと、ずいぶんいい加減なように聞こえるかもしれない。しかし寒いと思ってから毛穴が収縮するわけではなく、寒いと思うよりも先に身体は反応してしまっている。

身体に任せるとは、誰もが毎日の生活で行っている。現に人は歩く時にいちいち歩き方について考えながら歩かないし、特定のイメージを持って歩きはしない。意はあっても、念の登場する余地は、ただ行う中に存在しない。

ところで、なぜ心の働き「意」が存在するのか？　と問うてみても、その起源はわからないのは、意は意として既に存在していて、意は「行動の原点」として「人のただ生きる状態」を支えているからだ。瓶に底はあるが、「底にとっての底」がないように、あることはわかっても、それ以上さかのぼって問えない。なぜなら、「人がただ生きる状態」とは、現実に生きている様子を指していて、たったいまの現在に起源は問えないからだ。

一方、念には「想像・望み・予期」といった意味があることからわかるように、意念という概念は、現在にはない何かを想い浮かべる様を表している。そこには「〜を行うとする」「〜を行いたい」といったような方向性の指示を越えた、特定の結果に向けた動きが潜んでいる。

ここで言う方向性とは、「する・行う」ではなく、「しようとする・行おうとして行う」というものになるだろう。それらが問題なのは、いずれも「現在の事柄ではないことを行おうとする」という欲望が背後に控えていることだ。

たとえば「美味しいものを食べたい」と思うとき、想い浮かべられた美味しそうなイメージは、「いまはどこにもない」ものだ。「美味しそうなもの」がたとえ目の前にあったとしても、

「食べる」ではなく「〜を食べたい」という願望を抱いている以上、いまないものの中に自己は釘付けにされている。念、つまり想い浮かべるとは、いまないものを手に入れようとする望みを抱くことであり、抱いた内容に囚われることでもある。この囚われの方向性「〜をしようとする」は、いま現在にないものであり、「望む」とは、それに向けて手を伸ばす行為であり、思い描いた「いまないもの」を手に入れようとすれば、運動は単一的にならざるをえない。

ただ「行う」ことが意とするなら、意念という「イメージによって自己を動かす」行為は、「イメージに自己をしたがわせる」ことでもあり、「いまにないもの」に向けて己を急き立てもする。

この瞬間に「ないもの」は幻影だが、いまはないものに重みをつけ、形のないものに形を求めても、実態を離れた想念は肥大するばかりだ。なにしろ言葉には際限がない。

意念によって「〜を行う・〜を自らに行わせる」行為で、時間・空間的に先行する何かを手に入れようしても、それは現実にない。だから韓氏意拳ではそうした行為を不自然だとする。けれど意念そのものが悪いわけではない。念の喚起する「いまはないもの」を求める中で人は文化を創造してきた。そこに是非や善悪はない。

ただ、意拳においては、意は念という方向性ある運動に焦点化される必要はない。なぜなら自然舒展とは、具体的な動きの中にはないからだ。まして、望みや想像といったひとつの方向性に自己が限定される必要もない。というよりも、そうした具体的な動きの中に自然舒展は現れない。

日常生活の中で人が何気なく、つまり自然に伸びやかに動くとき、イメージで導く必要も暇もない。ただ伸びやかさは身体に現れる。

それに普通に人は一形一意で動いているが、これは一で意を使って、二で身体を使っているわけではない。

一形一意とは「ひとつのことを行うのにひとつの意だけで行う」というもので、「行おう」として特別に作り出した状態を目指すのではない。一形一意は作為ではなく無為の表現だ。普段の歩行のように自然に行っている状態をただ示せば「一形一意」という表現になるだけで、だから容易ではある。

けれど、一形一意を体現するのが難しくもあるのは、現代的な生活様式の大半を占めるありようと真逆だからだ。つまりは一形一意とは、自分を対象化する意識を捨てたときに現れる。日常の中で人は予定通り物事を運ぶためにリスクを想定したり、他者との関係を円滑にしようと自己を整えることに忙しく、反省したり、推察したり、吟味したり、義務や責任、焦《しょう》慮《りょ》に追い立てられ、未来を予測し、過去を参照して、いまのことを考えているつもりで躍起になっても、ただ「いま」を生きることを疎かにしている。

一形一意は「いま・ただ・行う」という意味では簡単ではある。だが、ただ行うことが意識過剰の現代人には難しい。しかも、「ただ行う」とは放任とはまったく異なる。そのような野方図さが、緊張を解くリラックスと同義に考えられ、賞揚されるが、それは自己と関係なく行う放任でしかない。

動きとは、力を入れるか抜くか。緊張するか弛緩するかしかないと考えられがちだが、韓氏意拳ではそうした考えも意造として斥ける。

緊張と弛緩は意造が生み出す

「意造」とは身体よりも意識を優先させ、意識の理解できる範疇に身体を矮小化させる行為であるが、現実には意識の範疇を越えて身体は存在する。だから意識的に緊張や弛緩を生み出す作用も、頭の中で答えを出して、それを身体に命令する意造として否定される。

韓氏意拳は「意拳是平常的拳　不是非常的拳」。つまり日常そのものが意拳なのであって、何か特別のことをするわけではない。意拳は能力の発見であって、何かをつくり出すことではない。

普段歩くとき、人は「緊張と弛緩」で動きを区切って歩いていない。そのような解釈で歩こうとして歩いたら、かなり奇妙な、不自然な歩き方になるだろう。では、自然に歩く作用は、緊張か弛緩のどちらなのか？　韓競辰師はこう話す。

「首を傾げるのが正解です。なぜなら、その答えは道理にあわないものだからです。一つ目の答えは、弛緩でもあり緊張でもある。二つ目の答えは弛緩でもなく緊張でもない。すべて緊張であったり、すべて弛緩であったら歩くことはできません。だから道理にあわないのです」

注意すべきは、緊張と弛緩を否定しているわけではないことだ。そういう状態けあるにしても、意識でわざわざ導くものではない。

緊張と弛緩という状態はある。それは身体に起きるあるグラデーションを便宜的に捉えたときの区分の仕方、線の引き方で現れる状態だ。具体的に緊張と弛緩を客観的に外在化させ、人の身体に生じさせることは誤りだ。

常識的に考えると、緊張と弛緩を往き来するような、単色に染め上げられるような状態で生きている人間は、この世には存在しない。ひとつだけあるとしたら、それは死体だけだ。死体には緊張と弛緩しかない。

緊張と弛緩というような極を往来する活動に加え、評価されることの多い放鬆《ファンソン》、つまりリラックス、脱力も否定される。「自然にリラックスする」という字句はよいものとして耳にし、力を抜いた放鬆は自然と同義に考えられているが、韓氏意拳では、それもまた自然ではないとする。

というのも、力を抜くことをことさら強調するということは、力を前提にして考えているからだ。力の存在を認めた上で、否定すべき存在している。いわゆるマッチポンプでしかない。「放鬆が大事で、それを行わないといけないと思っている人の頭の中には、すでに放鬆という概念があります。だから自然は放鬆ではない。多くの中国武術、特に内家拳では放鬆を強調し、それを自然だと捉えてしまっています。中には、身体の自然だけでは足らず、頭の中も自然にならないといけないと弛緩している人もいます。放鬆の使われ方に注意しないといけません」と韓競辰師は言う。放鬆が「人為的につくり出したもの」とはすぐには理解できないが、これは王の言った「不用力」の言葉で照らすとその意味がはっきりする。

人は力なくして立つこともできないが、力だけで立っているわけではない。不用力は力の存在ではなく、力という能力の一部だけを用いる習慣を否定している。そうなると放鬆という力を抜く行為は、能力の一部に過ぎない「力の行使」という人為の習慣にのみ対応した働きでしかないのだから、それは自然ではなく作為になる。

習慣化は自然といえるのか？

意拳は平常の拳だと先に記したものの、平常が「習慣化された日常」とどのように違うか区別することが案外難しい。現代人の言う「自然」という概念は、習慣的に行ったことも含むからだ。間違ったやり方を千回行えば、それも自然に覚えてしまうこともある。そうなると習慣化することは必ずしも自然ではない。作為的動作に慣れることは自然ではない。正しいことも間違ったことも習慣化されるのであれば、習慣の中に正誤はない。

習慣とは、見知った光景にすべてをくり込んで行くことで、一形一意や自然舒展は習慣化と相容れない。なぜなら一形一意とは、「いま」を体認することであり、「いま」は、いまの先である「これから」にも、いまの後の「これまで」にも同定されないし、いまの自分を離れても存在しない。

身体の状態を準備してから動作をするのではなく、ただ行うのは、それが自分自身の直接的な表現、つまり内在しているいまの能力の現れになるからだ。自分に「観察する自分」や「分析する自分」をはさまない。一形一意とは、そうした「記述」ではなく、「表現」のことなのだ。だから動きに注目しないで、ただ動く。

一形一意で動こうと思っても、習慣的な癖からあれこれと人は考えてしまう。心は「ある状態」であり、器であり、その中に思や念、考、意、識、想があって、身体の状態の反映が心でもあるわけだから、身体の感じることがらによって、心は刻々とその色合いを変える。だから私という存在の運動は、意識でまとめられない。というよりも、まとめる必要がない。事実としてそうであるなら一形一意で、ただ動けばいい。

「私たちは長い間、力を信じていました。運動とは何かといえば、力＋技だと捉えがちで、そのような状況の中で多くの能力を埋没させてきました。力を用いる習慣を放棄したとき、自然な能力が現れます。自分の手を挙げる際、それを押さえる相手の手があれば、これまでのやり方なら、相手の手や自分の手をどうこうしようとするでしょう。けれど、あってもなくても同じなのです。

ただ手を挙げようとすれば、自然に手が挙がります。そうであるなら、人が押さえているときも、ただ自然に挙がるはずで、それが自然の能力です。いままで力に頼って来たのであれば、それは体験したことのないものです。

一形一意で何も考えずに自主的に行う。この自然の行い方と力を用いるやり方は根本的に違います。これがなぜ新しいかというと、能力を用いることは、これまでの力＋技のやり方とは違うからです。だから学習者は何が自然能力かを体認しなければなりません」

と韓競辰師は言う。

挙式のときに、相手が自分の挙げる手を押さえようとする。何か自分の動きを妨げる障害があるとき、ほんのわずかの接触でも、緊張するか弛緩させて軌道を変えて動こうとする。あるいは感覚を探って動こうとする。

韓氏意拳では、それらの見慣れた行為を放棄する。新しいやり方とは、相手がいてもいなくても同じで、ただ直接自分の表現を行う。それがもともと持っているものを表すことになるからだ。

だが、この新しいやり方は、既にあるものでもある。なぜなら一形一意で動くとは、頭の中で動作を思い描かないで、ただ自分の動きを行うだけだからだ。元来、人にはそういう働きがあるから行える。

注意すべきは、そのとき相手の手を動かすことが目的ではないし、挙式の動きはそのためにあるのでもないことだ。

「手を自然におろした状態から、ただ手を挙げたときに、腕は前へ自然に伸びます。これを韓氏意拳では『自然産生』と言います。ただ手を前へ出すだけで、前へ出して相手をどけるような具体的な動作を行うのではありません。自分自身の動きだけを行うことが重要です」

韓競辰師が「自然に伸びる」と、自然舒展を強調するのは、伸びやかさの中に力を用いる習慣を変えるものが含まれているからだ。力を用いる習慣は誰もが知っているように身体に近付けるほど力が出ると思い、その発想にすっかり慣れている。

相手に接触するとすぐにそういう慣れた使い方をし、力を使うことで自信を得ようとする。力を感じないと動作を行えないと思うから準備してから動く。緊張させて弛緩させる。引いて推す。何かが足りないと思って、様々な技巧を凝らしてきた。

だが手が挙がるのは、「ただ挙げるから挙がる」という単純素朴な自然の結果であって、誰かがデザインした動きではない。

人が持ち合わせている知識の中には、「力の使い方」「意念を強化する方法」はあっても、自然能力についての記述はない。なぜなら自然にできる能力は確認しようがないし、確認する必要もないからだ。人は息の仕方を習いはしないが呼吸している。虎は獲物を狩るために虎拳の練習をしない。元々備わっている自然の能力を発揮するだけだ。

人は文化を築き、自然から遠ざかったが、世界に存在する限り自然でもある。だから自然産生の能力がある。

「長い間、人は自然を見失っていました。自然の能力のうち力も思考能力も技術的なことも一パーセントに過ぎない。人は一パーセントにいつも囚われて訓練し、行動し、それだけでも足りなくて少ない一パーセントを一〇パーセントにしようと意造さえ行います。たとえ意造で一〇パーセントにしても九〇パーセントは無駄になる。韓氏意拳では九〇パーセントを取り戻します」

能力はひとつだが、能力の中には意もあれば力もある。それらは相関関係で存在する。韓氏意拳ではそれらの関係を「整体参与」という。相対的に関係を保っているから整体している。だから気づくべきは、何か特定の力を用いることは、自身の能力を損ない、自分を見失うことにしかならないことだ。

何かが足りないのではなく、何かが余計なのだ。自分をただ直接表現する。それを阻むのは、自分自身であり、それは「これまで」という時間で培ってきた自己だ。

第 5 章

時間と記憶

記憶とは捏造である

冒険家の大場満郎《おおばみつろう》氏は、北極圏を単独歩行している際、自分の影と会話していたそうだ。幻聴が聞こえてきた最中、自分の影と会話することで精神の平衡が保てたという。人は社会的な存在であり、自分こそがまったくの他者であることを示唆する逸話だ。

普段の暮らしでは、自意識そしてそれを包む身体、それが社会へと広がるといった、自分を支点に同心円状に拡大するイメージを自分について持っているが、実は自己は固定した支点ではなく、世界と自分の身体との関係で自己は流動的に生まれるものであり、外の環境に従って書き換えられるものでもある。歯痛ひとつで普段の自分など簡単に変容することは多くの人の経験するところだ。

大場氏は自分の声を「自分ではないものの声」として聞くことで、他者を呼び出し、精神の平衡を保てたわけだろう。

自己は決して「これが自己だ」という形で提示できないのだが、それでも人は自分で自分のイメージを持ち、他人からそれを承認されることを望む。承認されたい自己は「私」の自己イメージと合致したことを言う人でもある。だが、自分にとって都合の悪いことでも構わない。

自分を否定する言葉であっても、人はそれに「こだわる」というあり方で否定の言葉を暗唱する。否定の言葉を唱えることを欲望する。人は、つまり身体は絶えず実感を求めている。言葉に実感を覚えるとは、唱えた言葉に、過去に縛られることでもある。そのことによって時に人は気が狂いさえする。それだけ人にとってのリアリティは、現実の出来事と関係ない。なぜなら記憶とは、その人だけの身体的実感の別称だからだ。

神経学者のジェラルド・エデルマンの学説によれば、記憶は脳の一部に貯蔵されているのではなく、思い出す瞬間に毎回再構築されるという。

脳内ではシノプスとシノプスが結合して記憶の回路が作られ、その神経回路に、電気信号が伝わった刹那、「思い出す」ということが起こる。ということは、刹那刹那に新たな現実を人は体験していることになる。

学説を持ち出すまでもなく、記憶は「ただいま現在」に想起されたもので、決して「過去そのもの」ではない。記憶はフォルダに入ったデータではない。

思い返すとは、「そのつど新たに思い返す」ことであって、当人は既に体験した感覚をそのままを味わっているつもりでも、過去が再現されることなどない以上、それは新たに思い返された何かだ。新たなものとは、かつてのものではないのだから、思い返しは捏造になる。

記憶は捏造されるが、捏造自体に是非は問えない。というのも、人は何かを「知った」と思い、それを事実として記憶するが、「知った」とは、実はそれは限定であり、世界の区分の仕方でしかない事実を「忘れる」ことでもあるからだ。

人は「これが自分だ」という「知りたいように知った自分の記憶」をベースにして自分を成り立たせて生きている。それはあくまで再編された自我でしかない。

人は世界を自我のバイアスに従って見ている

こうして原稿を書いている私の部屋からは、風にそよぐ木の葉が見える。それらは一斉に揺れはしても、ひとつとして同じ動きはない。その様子を見てわかるのは、「いま目の前で起こっている葉の動きをまったく描写できない」ということだ。いくら「こんもり繁った葉がそよいでいる」と言おうが「風にあおられて葉がひるがえった」と言おうが、眼前の木の葉の動きを捉えることは絶対にできない。運動について客観的に何かを語ることなど本当はできない。

自分では客観的な描写だとこれまで考えていた行為は、実際のところ事物を自分に引き付けていただけで、つまりは自我で世界を分別していることでしかなかった。

自分に引き付けて考えないで、誰に引き付けて考えるのだ？　と思うかもしれない。だが、この「引き付ける」という行為が余計なのだ。引き付けたことに加え、「分別をする」という行為によって自分と世界という対立した関係に固定してしまう。そのことで人は物語を紡ぎ、記憶を編集する。

韓競辰師はある日、自宅に飾ってある山水画を指差し、日本からやってきた練習生にこう尋ねた。「ここには何が描かれているか」。練習生はそれぞれ「山が見える」「人が見える」「木々が見える」と答えたが、韓競辰師は「そうではない」と言い、こう続けた。「いま見ているのは、見ているあなた自身だ」

同じ木を見ているつもりでも、それが同じ木だと互いに確認することはできない。また人はただ見ているつもりでも、「何を見るか」という優先順位に従って見ている。「何を」という序列を可能にするのは、主観であり自我だ。人は自我に引き付けて、見たいように見ている。だから、「そういうものだ」と高を括るのも、「主観を捨てて客観的に見るのが正しい」とするのも、どちらも自分にとっての自我を回避して問題を処理しようとしている。

目の前に木の葉がそよぐ。それを感じる。ただ見る状態がある。未分別の状態に留まることがもっとも私という存在の能力が解放されているときではないか。そこでは分別しようとしない時間が続く。というよりも、そこでは時間が続くという感覚すらない状態がただある。ちょうど川の流れは言葉にできなくても、水に手を差し伸べれば、刻々と水の流れをただ感じられるように。

木々の葉もそれを「見よう」とわずかでも思いを凝らした瞬間、淀みが生まれてしまう。だから「見る」のではなく「ただ見る」。見ているけれど見ていない、見ていないようで漠然と見ているといった、固定することのないFLOWの状態でないと、目前の風にそよぐ葉や流れる水の動きをよく捉えられないのではないか。言葉で固定するのではなく、運動を体認する。

世界は刻々と変化するし、世界を止めることなどできないのに、止めて固定することを人智の分別として尊ぶ。

韓氏意拳が重視するのは、「ただ、そうなっている」という運動の過程だ。言葉や実感では運動を事後的にしか理解できないと考える。

言葉による記憶の思い返しは「ただ、そうなっている」ものを「かつて、そうであったもの」に変換してしまう。だから言葉で「正確に」世界を表そうとすればするほど矛盾した言い方にしかならないのは、本来は分節できないものを分節するからだ。しかし、決して分節する行為の中に収まらない世界は、言い切れないという余韻として響くことで姿を現す。

目をつぶって見知っている人を思い出しても、それは私もその人自身も知らない誰かでしかない。人が何かを思い返すのは、在ることを知るためではなく、本当は在るものがもう無いことを知るために行うのではないか。だが、それには気づかないように日常を送っている。

目をそらすのは不安だからだ。不安というのは、人が自分で自分がわからないことから来るのだろう。きっとそれは問いの立て方が間違っているのだ。そもそも自分が自分を対象化することなどできないのだ。できないことをわざわざするから、私たちは不安になる。思い出すべきことは、そのことなのではないか。

日々を生きている私というものは、確かに昨日の私と連続性はあるが、決して変わらない自我という「形」はない。ただ、「私」という状態を示すFLOWという形はある。それがないと他人は私を認識できないだろう。

形は「何かを伝えようとしている」という表現方法でしかない。私の癖、私の歩き方、話し方は、私という存在を表現している。わざわざ思い出して再現しているのではない。表現されたものをただ認めると、それが現在の私になる。

けれども、人はあるときに覚えた感覚を再現可能な形にできると思ってしまう。それを記憶としていつでも呼び出すことができると思うから、確かな自分があると考えてしまう。「いつでもいまに再現できる」という形にこだわっても、いまに再現できる過去などない。

韓氏意拳の学理の提唱する体認は、学ぶ者に自分の暗唱しているもの、感じているもの、望んでいるもの、「おまえの持つ記憶はなんだ?」という問いを自己の中に立ち上げる。つまり「おまえの自我のありようとは何だ」と問いかける。

思い返される痛みの記憶

一見、記憶の話など、意拳と何の関係もないように思えるかもしれない。けれども、稽古を進めて行く上で深く関わってくる問題だ。

形体や站樁の稽古を進めるうちに、うまく動かない部位が痛んでくる。特に静かに稽古する站樁はそれが如実で、慣習的な身体の動かし方から来る痛みやぎこちなさ、硬さが自覚される。そのことに気づきはしても、なぜそういうことが起きているのかわからない。自分の動きは、自分にとっては自然だから問題が自覚できないからだ。しかし、站樁という合理的な動きを行っていると、自分の動きの不自然さが現れて来る。そうした不自然さを身に付けた「これまで」という過程を思えば、否が応でも記憶に向き合わざるを得なくなる。

私の場合、稽古を初めて間もなく、いままで特に気にならなかった右の股関節が、しっくりしない違和感を覚え始め、やがて痛みとして感じられるようになった。

人が見たらごく普通の足に見えるだろうし、自分で鏡を見てもそう見える。しかし、体感では股関節から右足の親指にかけて、内側に不必要な力が加わり、ねじれているように感覚される。

だから、稽古の最中もいちいち動きを止めて「膝がつまっているから」「肩が突っ込みすぎるから」と点検したのだが、問題を発見するその行為がそもそも問題だと光岡師は言う。

「痛みに囚われることで痛みは再度生じる。痛みをどうこうしようと思う時点で痛みを認めている。一番いいのは認めない。それは我慢して抑える意味ではない。〝ああ、あるね〟くらいでいい。肩が痛いから何回もまわして楽になった気がしても、またすぐ同じ痛みは起きる。明らかに肩が痛くなるような動きをしていて、自分が自分を痛めるような運動を自分でしているから痛む」

問題は「わざわざ痛ませる動き」を捨てきれない自分がいることで、痛みはいまの自分を捨てないと消えることはない。

点検するという行為の問題は、意識が自分の身体の動きを対象化し、言葉によって確認するところにある。しかし、動きは運動の中にあって、その動きは言葉で標本の蝶をピンで止めるようには表せない。

そこで気づいたのは、股関節がつまる感じは、それを気にすればするほど問題が浮上し、その違和感は自分の記憶とリンクしているということだった。

これはごく当たり前の話で、人の考え、意識は身体を通じて出力されるわけだから、その人の心のありようが体の癖として出る。癖とは自我でありセルフイメージであり記憶でもある。

誰しも「自分にとっての自分」という像を持っている。言葉によって作られた自分の輪郭だから、当然自分を縮小した形でしか表せていない。言語化で得られる手応えは、身体の構造を歪めてしか理解できない。だからこそ無為の状態へと戻ることを韓氏意拳では提唱する。無為とはただ「ある」状態で、これは意識でつくり出すものではない。

そういう意味では、痛みの想い返しとは、身体の滞りを確認し、それを身体に意識的に刻み付けることにしかならない。そこでは既に馴染んだ痛みに、いま起きている運動を同定することをくり返し、しかも嫌な感覚に還元しようとしていて、新たな運動に向かって身を開こうとしていない。

たとえ痛みを覚える動かし方でもそれに馴染んでいる。既に知っているやり方をくり返すことのほうが楽なのだ。痛みを再認する行為の根底には、記憶を固定したデータとして扱い、頭で対象化し、消去できるものという考えがある。消そうとしても、感覚は考えられて知覚されたものではない。感覚は実体化できない以上、思考で否定できるわけがないから、消去しようとすれば問題としてより強く顕在化する。嫌な記憶とは嫌な感覚が勝った状態であるなら、それは思考で否定するのでなく、良い感覚で満たすほかない。そうなると記憶とは既定の事実であると同時に、ただいまの感覚が変われば、過去の記憶は新たになるということでもある。そういう意味では記憶は過去であり、現在でもある。

痛みを対象化し、何とかしようという発想の落とし穴というのは、「肩が硬いから痛む」といった同義反復的な関係で痛みを捉え、「同じ動きをしているから痛む」という既知のやり方に手をつけずに、しかも痛みを「善いか、悪いか」で判別するところにある。

本人が忘れたつもりでも、一度経験したものは、どうあっても身体が覚えているし、既に起きたことなのだから、そこには善も悪もない。しかし「善いか悪いか」という判断で扱えば、それは痛みを封じ込めるか、排除することにしかしない。

そうした善し悪しの判断はどちらも「いままでの自分」に手をつけない。その分類には実は振幅がない以上、同じ結果しか招かない。つまり根本的に何も身心に働きかけてないということになる。

自分の中に仮想敵をつくらない

高度情報化社会は「人が考えたものが覆っている社会」で、思考が対象化できないものは排除される。その最たるものが自然だ。もっとも身近な自然は身体で、そもそも自然は管理できるわけがない。危機管理という言葉が一時期流行ったように、管理できないものも「よく考えて管理できるようにしなくてはならない」と言葉に還元するべく強迫的に考えるようになっている。管理などできるわけがないのだから、自然は増々無気味なもの、不安なものになる。

言葉にすることが大事でありつつ、大事でないのは、私の言葉は、私がいないと始まらないが、同時に他者との関係の中でしか私の言葉は存在しえないからだ。言葉は固形物ではなく、まして固定された「私」のものでもなく、誰かと交換し、つながる運動の中で力を持つ。自分がいるから相手がいるが、自分は相手がいないと自分として現れない。この世の関係はすべて運動であるから、固定した支点をつくることが本来はできない。

情報化社会では「自分の考えを正確に話す」ことが重んじられる。正確に話したところで、それが人に伝わる表現になるかどうかはまったく違う。自分にとって正確な言葉は、自分にとって通じる言葉でしかない。正確な言葉とは「よくコントロールされた言葉」でもあるから、それは力を失った、運動のない言葉でもある。

人が活力を与えられるのは、紋切り型で公式化された思想信条といった制度の言葉ではなく、運動が内在する言葉に感電するときだ。

だから、「こんにちは」や「ありがとう」という何気ない言葉に、優しさやいたわりという贈り物を感じることができる。

いまではそういう関係性の中で躍動する言葉よりも、物事を対象化し、問題を発見し、固定的な言葉を積み重ねて行く思考パターンが常識となっており、それは自分の身体にも及んでいる。

たとえば「股関節の動きが体幹に対して遅れている」と認識すると、「だから股関節が悪い」と問題を特定し、「股関節をなんとかしなくてはならない」と仮想敵にし、障害をクリアーするにはどうすればいいか、という考え方を明晰さだと思い込む。「股関節の動きが体幹に対して遅れている」という関係性は事実だが、それは「結果としてそう」であって、一面的な事実でしかない。股関節は原因にしても、その現象の起きた理由は股関節だけにはない。

そもそも関節は部品のように人体から取り出せるわけもない以上、関節だけが問題のはずがない。全体が問題といえば問題なのだ。特定するという行為によって、不安要因を取り除こうとして全体が見えなくなっている。

つまり、明晰さといっても幅広く考えるのではなく、仮想敵を見出し、対立関係を作り出すことで、従来の自己に手をつけないまま保存するという安易で退行的な思考にしかなってない。

何か問題を特定する行為は「できないのは誰かが悪い」という結論に導くためのエクスキューズの発見になっているのではないか。そういう発想は、自分について考えているようでまったく自分と関わっていない。敵を自分の中に立てて、クレームをつけるのは、ある意味クレームを言う相手がいないと困る関係に自分自身がなってしまっているからだ。それではいつまで経っても現状の自分に満足できない。

「痛みをつくっている自分を自覚すること。自分の整体にともなった運動ではなく、頭が勝手に〝これがいい〟と作り出した動きや、〝誰かの考えたいいと思う動き〟をただくり返しているだけでは、痛くなるのは当たり前です。整体にとって明らかにおかしくても、恐いからいままでの習慣を捨てられない。でも、自然舒展とは自分を開放することだから、捨てないといけない。心を解き放たないといけない」

光岡師がそう言うように、韓氏意拳はこれまでの自分を捨てない限り進化できない。これは抽象的な意味ではなく、考え方が変わるということは立ち居振る舞いすべてが変わるということだ。「これまで」を捨てないことには、ただ練習時間を増やしても能力は培われない。能力とは、人の「ありのまま」の別称でもある。それは何かを得ることではなく、経験的に身に付けた知識や認識などをひとつひとつ剥いで鍍金を剥《は》がしていくことでしか得られない。

断崖に突き出た、見るからにバランスの悪い歪んだ巨岩を見たことがある。その岩は落下せずにそこにあり続けるが、その絶妙な釣り合いは、計算されたものでない。歪んでいることが善いわけでも悪いわけではない。ただ、歪んだ形ながら釣り合いがとれている。釣り合いが取れるのは、図らずもそうなっているからだ。ただそうだから、そうなっている。

歪みを善し悪しで判じない。「ただそうだからそうなっている」ことを認めるのが身体の声を聞くということではないか。痛いところを見つけて治すのが、上達ではない。痛みというサインは能力を自分で拓き、磨いていくための標《しるし》だ。それを抑圧したり、痛みの原因の特定化を身体の構造の関係性の中に探るのは、すでに馴染んだ既知に自分を釘付けにすることであって、未知に向けての歩みではない。

理解したことに真実はない

未知を訪ねるという言葉に発奮しても、稽古していると、どうしても痛みに囚われたり、反対に「あの時うまくいったいい感じ」を再現しようとしている自分がいる。少しでも気にしていると、すかさず「正しく行うと考える必要はない。わずかでも何かをしようと余計なことを考えた瞬間、それは別の動きになる。自分に隙を与えてはいけない」と言われもする。隙というのは、運動の関係性が壊れたり、構造が崩れることでもある。根源的には「正しい動きをしようとわずかでも思う」ことでもあり、「慎重に行おう」とするような動きを観察する自分が立ち現れることでもある。

自分が何か行う時はいつかと言えば、「いま」だ。「いま」には、「正しいいま」も「悪いいま」「正確ないま」「慎重ないま」もない。ということは、いまには正しさ、慎重さの入る余地がないはずだ。それを求めるのは、過去を参照しているからだ。それでは限りなくいまを蔑《ないがし》ろにすることにしかならない。

「現実における自分は〝いま〟にしか存在しません。だから実感や認識で、〝わかった！〟と思うことに現在における真はありません。なぜならそれらは実感や認識上で、一瞬にして生じる自己という標準行為に照らし合わせての理解でしかないからです」と光岡師は言う。

ここでいう「自己という標準行為」は、過去の経験やそれらで得た知識、感覚やそれをもとに正確に認識したり、慎重に判断したりする自己のありようを指す。

自己にとっての自己。それを自我といってもいいが、それは「いま」を生きる己の背後まで押し寄せる過去の記憶の総体であって、自我は経験から物事の是非、善悪、正邪といった判断の基準を知っている。しかし、それらの基準は過去の記述でしかなく、「いま」のことを表すことはできない。

「いま」と口にした途端、「いま」は過ぎ去ってしまう。「いま」という「いま」はない以上、認識の中に「いま」は存在しない。では、真の「いま」はどこにあるかといえば、やはり「いま」にしかない。

王薌齋は「不用力　不用脳」と言った。これは真を尋ねる上での重要な鍵となる概念として提示したのだろう。これを重要な言葉として唱えても、何ら役に立つことはなく、この言葉の概念について考えたとき、初めてその姿を表す問いかけではないか。そう思うのは、「いま」という「いま」は実感（力）の中にも、認識（脳）の中にも存在しないからだ。

「いま」は現在に存在するこの上ない現実であり、それは「いま」流れる水であるが、「いま」感じられた水の流れに「いま」はない。

「いま」は、何とも取り替えの利かない時であり、真であり、そこには言葉も認識も記憶も感覚も何も紛れ込むことができない。だから、それは普遍とも呼ばれる。それは認識されることのない未知で、未知を未知として把握できるのは、言語でも感覚でもなく体認にほかない。光岡師はこう言う。

「現実の存在とはすなわち自然舒展、一形一意の働きであり、それらが原理原則であるゆえんは、決して思考で作り出されたり、認識や実感できるものではないからです。それは〝存在するもの〟であって、人間の存在が無くても存在します。それら原理原則は私の存在と関係なく存在する。だからこその普遍性です」

「いま」とは、余計なものがない、ただそうある状態であり、それは自然で伸びやかであり、何かを敢えてしようとしない、つまり一形一意の状態である。

この上ない現実である「いま」には、是非も善悪も正邪も入る隙がないのは、起きるべきときに起きることが、ただ起きているからだ。

善悪を立てる自己を捨てる

人は何が正しく善いことかを経験的に知っている。だから心に善を立てて、悪を滅ぼそうとするのだが、そこから苦しみは生まれる。悪があるから苦しみがあるのではなく、悪を呼ぶのは善に他ならないし、善を招くのは悪に他ならない。

自我が囚われているのは、善悪を立てる知識や認識といった経験、すなわち己であって、善悪の分類それ自体に価値はない。

なぜなら自然には、正しい自然も、悪い自然もない。注目すべきは、それらを立てる自分の心で、山奥の庵《いおり》に住んでも、都会の喧噪《けんそう》に紛れても、善悪をわける心から自分は離れることはできない。光岡師は言う。

「起きている事実について〝知る〟のはいい。けれど〝知った〟は必要ない。それらについて〝わかる〟のはいい。でも、〝わかった〟は必要ない。なぜなら、それらは〝知った〟〝わかった〟とわずかでも思った瞬間、別のものになる。認識では移ろう世界を把握することはできない」

「知った」「わかった」と既定の事実として己に向けて唱えることなく、そっとつかまえておくことが重要なのは、既定の認識にしないことが主体的ということであるからだ。あれこれ思い、考えることは主体的ではなく、状況に囚われた受動的態度でしかない。

「相手がいま打って来た拳をわずかでも気に止めて、どうこうしようとするのは、それは相手に主体を委ねていることであって、結果は無惨なものになるのは明白です。動きが伸びやかに、自由になればなるほど完全になるのだから、状況が切迫すればするほど、自然で自由でなければならない」と光岡師は言う。

相手の動きに「正しく対処しよう」と少しでも思うのは、自分を観察することで生まれる認識であり、「観察された自分」は、いまを生きる自分ではない。だから誤りを恐れ、正しく動こうと思う必要はない。そもそも流動しつづける世界の中で自己の位置を定位に置くことも、確認することもできない。

「周囲三五九度は誤りでも、ただ一度だけが正しいなら、そこを歩めばいい。誤りを確認する必要はない」とも光岡師は言う。だが、何かをしようと思うと、つい自分で自分を追いかけるような、焦慮が自分を動かしてしまう。何かに捕われているから「わざわざ追いかける」意識になるのだ。

「正しくしよう」といまありもしない自分にこだわることが、すべての不安の始まりであれば、できないことを数え上げて勝手に焦るのも、できないことを前にうなだれるのも、どちらもある意味他人事なのだ。できることをするのが自分事で、つまり自足することが始まりの一歩で、ただ、するべきことをする。

敢えてするのでなく、「ただ、そうある」ことをただ認める。余計なものを捨てることが得ること、ないことがあることなのだということがあまり知られていない。

コップが水を満たすのは、虚ろな空間があるからだ。ないものがあることによって、水を満たすことができる。だから何かを望むなら、それを望む必要はないし、まして「決して望んではならない」とあえて思うこともない。

振り返ることなく、何かに夢中になると、自分が自分でないかのような状態になる。「自分が自分でない」というのは、「自分」を意識する自分がなく、それは「まるごと自分」と言うしかない「ただそうある自分」の状態だ。

それは、自分を無頓着に投げ出すのではなく、ただ自分の動きを行い、自分を直接的に表現する行為だ。韓氏意拳ではそれを「做自己」と呼ぶ。無頓着は放任であり状況に自己を委ね切ってしまうことでしかない。「做自己」は自主性、主体性であり、何も意識することなく、一形一意で「ただ」行うことを指す。

時は流れない

「何も意識することない」といっても、外界をシャットアウトするのではない。屋外から聞こえる車の音、鳥のさえずりといった、「刻々と起きていること」はわかりはしても、まったくそれに捕われないで済む、深閑として時間が流れないような状態だ。それは保とうとして保てるわけでもなく、保つ訓練をすれば得られるものでもないだろう。だから時間をかけるのが稽古の目的でもない。

「時間が流れない」と述べたが、站椿の稽古をしていると、確かにそういう感じになることもある。だが、そもそも時間とは流れるものなのか？

時間が流れると聞けば、「未来から過去へ」という単線を「時間というもの」が移動しているイメージを抱いてしまう。たぶんこれは誤ったイメージだ。人が感じられる時間は「いま」しかなく、いま生きている時間だけが時間で、客観的な時間があって、それにそって人は生きているわけではない。タイムスケジュールに従う生活の中では、つい客観的な時間があると思ってしまう。だが、そうではなく私という身体を持つものの存在が連続し、感覚が常に持続する中で途切れることなく「いま」を感じられるから、時間という概念が生まれるのであり、時間が外在的に存在して初めてそれを認識できるわけではない。時計の動きのような時間が流れて、それを認識しているというよりも、体験が連続している。

『正法眼蔵』にはこういったくだりが書かれている。

「薪は灰となる。だが灰はもう一度もとに戻って薪にはなれない。そうであれば灰は後、薪は先と見るべきではないだろう。薪は薪として先があり、後がある。前後はあるけれども、その前後は断ち切れている。灰もまた灰としてあり、後があり先がある。だが薪は灰となったのちもう一度薪にはならない」

世界には過去も未来も、抜き出して示せるような現在もなく、ただ「いま」しかなく、「いま」の前後はあるけれど、それは連続して生起しているわけではない。「正法眼蔵」の一節には、日常的に感じられる因果律が見当たらない。「いま」は連続し、そして「いまより前か先か」について事後的に認識できるから、時間の経過が生まれるのではないか？ という考えを示しているようだ。

よく考えれば思い当たるが、「いま」には前も後もなく、「たったいま」しかないのだから、「いま」に因果関係は見当たらない。道元の言わんとしたことを理解できているとは到底言えないにせよ、この一節は、認識が事物の因果関係を発見し、「まさにこれだ」と実感したとき誤るという韓氏意拳の学理とつながるところがあるように思う。

茶の味にはそれぞれの味がある

二〇〇五年八月、私は中国・珠海の韓競辰師のもとを稽古のために訪れた。午前は稽古、午後は始終、茶を飲みながらの座学が行われた。その際、韓競辰師はトピックのひとつとして時間を取り上げたが、そこで私は「時間は流れない」ことを問うた。

現代物理学でも「時間が定義できない」という問題に行き当たっているらしいと聞きかじっていて、ただそういった半端な知識では底が割れるだけだから、ともかく自分の考えられる範囲で考えても「時間は流れない。単線で表せるような図では過去も未来も存在しない」と話したところ、それについては「好！（よい）」と韓競辰師は言った。

そこで「過去がないなら、なぜ身体は記憶を覚えているのか?」と尋ねたところ、「記憶というものはありません。なぜなら過去も未来も、厳密には現在もないからです。ただ〝いま〟はあります。しかし、いまの中に過去を思い起こすのは捏造です」と答えると「しかしながら記憶はあるとも言えます。それは〝ただの記憶〟です。人は過去を振り返り、記憶の中に問題を発見しますが、それは問題を肥大化させているだけです」と話した。

「記憶があるともないとも言えないなら、それならなぜ人は因果関係を把握できるのか?」とさらに私が尋ねたところ、反対に「老いは何から始まるかわかりますか？　それは過去の思い出に囚われ、現在を省みないことから始まるのです」と返された。

その話の文脈で、なぜ「老い」が出て来るのかわからなかった。韓競辰師は基本的に、アンチテーゼはジンテーゼに至るという論法と無縁だ。韓氏意拳には道家の教えも伏流としてあって、これは老子や荘子を読めばわかるように、人体は多面体である以上、生きているという事実には、矛盾が同時並列的に存在しているといった考えが見て取れる。だから常に異なる正しさを述べることに頓着しないため、何かに基準を求めて解釈しようとしても了解できない。

ともかく「記憶の話」が理解できないのもあって、なぜ因果関係が把握できるのかについてしつこく尋ねた結果が「老い」の話だった。

ところで座学の間、講義を聴く練習生はずっと茶を飲んでいる。目の前に出された杯の茶は飲むたびに味が変わっていき、七煎目くらいになると白湯に近い。それまで白湯は味気ないものだと思っていたものの、中国に来て連日茶を飲んでいてわかったのは、白湯には白湯の味があることだった。だから一煎目の甘さを基準にして考えると、七煎目は味気ないとしか思えない。けれど茶を飲むという行為全体から考えたら、「それはそれ」ということにしかならない。

茶の一煎目の甘さと白湯のような七煎目の素っ気なさを比べられるということは、飲んだ茶の味の記憶はあるし、過去は客観的に存在する証拠ではないか？　と常識的には思う。

記憶というと、ちょうどパソコンにデータを保存するようなイメージで語ってしまいがちだが、できあいのイメージはわかりやすい反面、その枠組みの中で考えることにしかならない。つまり「パソコンのデータ」とイメージされた時点で、記憶とは「そういうものだ」という予見を前提にしていて、少しもスリリングな思索ではない。

それはそうとして、一煎目の茶の「甘い」という記憶の正体は、「ただいま想っている何か」であって、客観的な過去そのものではない。「いま」新たに、改めて想う「かつての味」だ。味わった経験、記憶はある。しかし、その感覚に再現性はない。というよりも再現した途端に、それは別のものになる。いま想うのは、新たに想う何かだ。

過去はただある。だが想った過去は過去そのものではない。だから「過去がない」という意味は、〝いまはもうない〟のであって、あるけどない。ないけどあるということになる。

そうなると、そもそも一煎目と七煎目の味をなぜ比べなくてはならないのかわからなくなる。それぞれはそれぞれでしかないのだ。

けれども、次々と湯を足していったから茶が薄くなったという結果がある。過去がないなら、この因果関係はどう考えればいいのか。そう問うと韓競辰師は「有没有一様！（あってもなくても一緒）」と言い、呵々《かか》と笑った。

因果はあってもなくても一緒

因果は「あってもなくても一緒」と返され、腑に落ちないまま日本へ帰国した。その頃、『正法眼蔵』を読んでおり、そこに書かれている難解な因果関係を理解する上で参考になればと思い、量子論の概説書にも手を出していた。量子論は古典物理学と違い「物質は常に曖昧な位置や運動量を持つ」という具合に「客観的な事実も因果律も存在しない」と考えていて、そこにおもしろさを感じた。それを「存在が存在するということを確定した事実だとは決められない」と勝手に理解したけれど、ともかく量子論を突き詰めていくと、「月は見たからそこにあり、見ていないときはそこにはない。誰かが見たときだけ、月の居場所は確定する」と考えざるをえないような世界観が現れてくる。

古典物理学では世界に確定した事実を求めていたが、量子論では、曖昧こそが世界の本質であるとしている。曖昧ということは、本当は世界を対象化し認識することも、分割もできないという意味ではないかと思いながら、概説書の頁を繰っているとさらに思い出したのは、以前読んだ仏教について述べた本だった。唯識派では「世界は刹那ごとに生滅をくり返している」と考えている。刹那は、時間の最小単位で一回指を弾く間に六〇から六五の刹那があるという。量子論の世界観や仏教の理論を持ち出したからといって、自分の書いていること

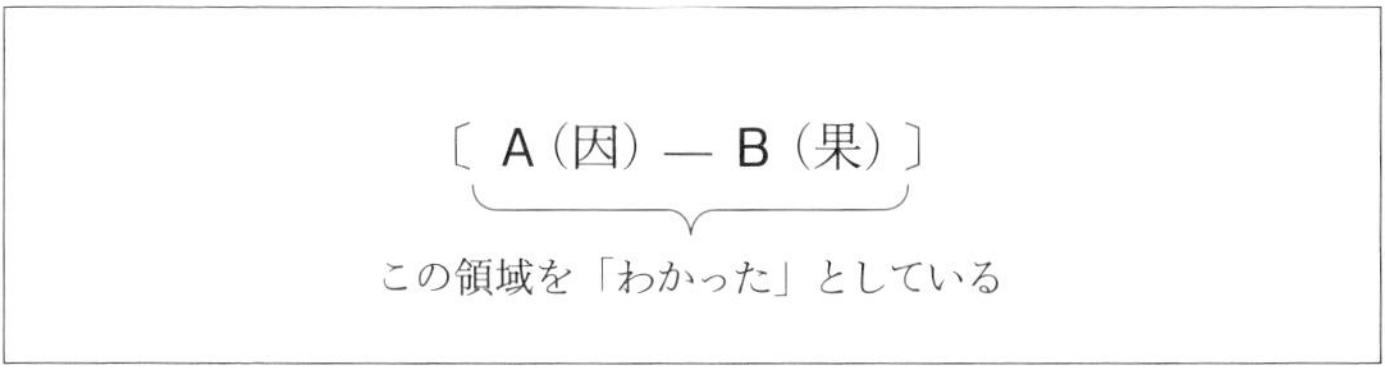

図１

の正しさを担保したいわけではないが、ただ刹那に生滅をくり返すとは、「見ていないときに月はそこにはない」「薪に前後はあるけれど、その前後は断ち切れている」「あってもなくても同じ」と、因果関係を把握することの不可能性に通底するところがあるのではないかと思えてきた。

不可能と聞くと、人はそれを絶望と同義に捉えがちだが、はたしてそう安易に考えていいものだろうか。

私たちが何かを「わかった」と思うとき、それは事物のＡ（因）―Ｂ（果）の運動の領域、時間の経過を区切り、その範囲を「わかった」としている。「わかった」という理解は、実感でき、具体的に認識されたものの領域を指す（図１）。

「わかった」という言葉は「いま」のことでありながら、過去形の了解の仕方である。その事実が示すように、「いま……についてわかった」という因果関係の理解は、それ自体がひとつの見解として把握されているのだから、それは「果」でしかない。示されているのは「関係性」という果であり、そこに事物の運動を引き起こす因は見当たらない。

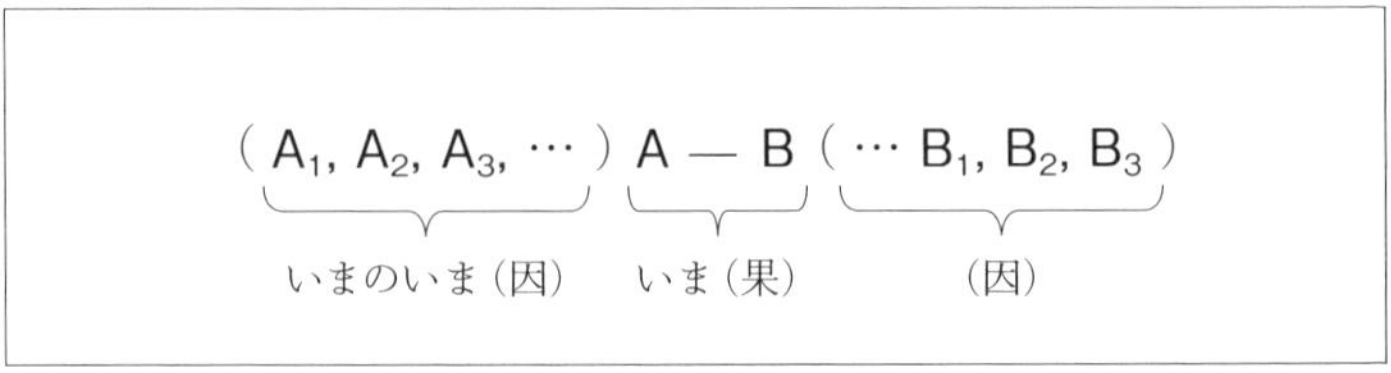

図2

ちょうど「これが私だ」と私について了解された因果関係の中に、私は存在しないのと同じで、そこに因は見当たらない。

私という存在があり続ける事由、つまり因は「……をしている私」という言明の外にある。だから何か実感、認識できてしまえるものは、生じた状態のひとつの「果」であり、私の一部でしかない。

韓氏意拳では認識や実感を退け体認を重んじるが、体認すべきは運動の過程であって、図2のようにピリオドのつけられない、つまり確定できない因であり、限りなく真である「いまのいま」である。「いまのいま」は「いま」と認知された瞬間、果としての「いま」になる。

留めることのできない運動を「これが体認だ」と言葉で明確に名指しできるものではない。体認は「わかった」「既に起きた事実」という果を把握するものではなく、未知の因を尋ねる方便であり、架橋だ。

体認は、いままさに起きている「いまのいま」の運動の過程を知ることだが、まさに起きている運動は「いま」のことだから、起源は問えない。だから因の領域は未知であって実感も認識もできない。つまり不用力、不用脳で臨むほかない域だから未知なのだ。

「いま」は「果」としても存在するが、それは「これが果だとわかった」と具体的に実感できる形にできる果ではない。いま起きていることの実態は、本当はわからない。

それでも「起きている」ことは「わかる」のだから、対象化はできないにしても、その果の存在はぼんやり把握できる。「いま」は「いま」という認識の中にはないからはっきりわからない。

茶の味は飲むたびに変わる。かつての味はいまのものではない。かつての味はいまのことではないのだから、変わったという果はわかっても、因はいまはもうわからない。だから因果は「有没有一様（あってもなくても一緒）」なのではないか。

韓競辰師は「老いは現在を省みないことから始まる」と言ったけれど、これは、「いまはもうないもの」に執着しては、それはいまを生きることにならないという意味ではないか。「いまはもうないもの」にこだわることは、過去の再現という不可能なことへの執心だが、いまを生きるとは、いまという「わからなさ」を尋ねることで、それは未知を生きるということだ。

しかし、「わからない」ことは「存在しない」ことと同じではない。光岡師は言う。

「能力はつくり出して初めて存在するのではなく、あらかじめその働きが存在するから探し、現すことができる」

忘れてはならないことは、存在するとは、存在し続けていることだ。存在するとは、既に始まっていることだ。

既に始まっているものをわざわざ始めようとするから不自然になる。それは作為でしかない。だからただ動き、間に何もはさまず、直接表現することが現実の存在をありのまま表現することになる。

第6章

限りない自由を得るために

現実とはただそうあること

人が現実と名指しているものは、実のところ自身の内面を投影したものでしかない。整理、序列化し、しずしずと進行するものを現実と人は受け止めて暮らしているが、一皮剥けば、そこには何の根拠もない。そういう意味では人の語る現実こそが支離滅裂なのだが、その根拠のなさに思いいたることなく、日々を送ることができる。この上ない現実はどこにあるかと言えば、それは決して普段見ているつもりになっているものの中にはない。

体認は現在に存在する「この上ない現実」の別称であり、またそれを知る方便であり、そして形体も站樁も体認を通じて「この上ない現実＝真」を知る手段である。光岡師は、真とは「自然舒展、一形一意であり、原理原則」で、「思考で作り出されたものではない」と言う。「それは〝存在するもの〟であり、〝存在するもの〟は、人間の認識できる範囲を越えて存在するからこそ普遍性があるわけです」

自然舒展、一形一意が原理原則という意味は、それらは人のつくり出したものではなく、どちらも「既に存在するもの」の「ただそうある」状態を表現している。「ただそうある」ことに「そうある」以外の余計なものはなく、また「そうある」ことに理由はない。

「ただそうある」ことを直接現す力を能力と韓氏意拳では呼ぶが、それは発見であって、つくり出すものではない以上、もとから在るものである。

普遍性というセオリーはセオリーとしては存在しない。だから、認識して記述することではなく、「表現するもの」である。

それは人にとって「真が隠されている」状態とも言えるが、「隠されている」とは「いままさに明らかになりつつある」ことでもある。何かが覆われて見えないが、何かが在ることはわかる。というのも、自然は自己の外に存在し、能力は自己にあるものとして在る。そのうえで原理原則は、私とは関係なく存在し、自然の一部でもある人間にはそれを求め、尋ねる力がある。

原理原則とは普遍性であり、普遍性とは決して限定されることのないセオリーなのだから形はない。しかし普遍性という概念で表されるのだから形はある。いわば普遍性とは、形はないが形はあるといった、非連続の連続である。

これらの字面を追えば難解に聞こえる。しかし、人は毎日細胞が入れ替わって形を変えているにもかかわらず、同じ形を保っている。生きて存在しているという事実が非連続の連続なのであって、矛盾は明らかであっても、それでも人は平然と毎日生きている。矛盾は明らかであるからこそ却って見えないのだ。それはことさら不思議なことでもない。なぜなら人の存在は「そうだからそう」なのだ。

「自然舒展、一形一意という原理原則を体認によって見つけるのが意拳です。原理原則は、形、運動の関係性や関連性、感覚などを追求し、それらを体認することで把握できます。だが、気をつけなくてはならないのは、体認は型、運動、運動の関係、感覚の中には見当たらないことです」

正しい形を整えようとしたり、運動している際の身体の部位に注目したり、行っている運動の感覚の精度を求めることを目的にすれば、結果として体認が得られるのではない。それらを行う中に体認は現れても、体認そのものは「具体的に現れる」という形では決して示されない。「なぜなら型や運動、運動の関係といったものは認識されたものであるから頼ることができない」と光岡師は言う。

体認という現象は、理解された「現れたもの」には表れない。型や運動の関係性で捉えられた自己は、認識された時点で過去のものだ。しかしながら体認は「この上ない〝いま〟＝原理原則」を把握するもので、型や運動の関係性といった「具体的に現れたもののあり方」において、原理原則は示されない。

「この上ない〝いま〟＝原理原則」とは、たえず流動する運動であるから、それは「現れたもの」という既知では捉えることができない。

だから意拳は型がなく、運動の関係性や感覚に頼ることを否定する。それらは〝いま〟のことではないからだ。

臨済宗の夢窓国師《むそうこくし》は柱があると思って寄りかかると倒れてしまい、起き上がろうとした瞬間に悟ったという。この逸話をありがたい話として理解し、同じことを再現しても仕方ないことだ。何も頼ることができない過程の体認が恐らく重要なのだろう。

強調してもし過ぎることはない。意拳には頼るべき具体的な何かは存在しない。「意拳を学ぶ上では感覚も経験も認識もそれらは砂でできた柱みたいなものです。よりかかろうとした途端、それらは崩れる」と光岡師は言う。

何も頼ることができないと人は自己が培《つちか》って来たこれまでの自身に頼る。「それは何であるか。どうすればいいか。どのようにすればうまくいくか」といった知識や経験、目的に頼る自分がそのとき現れるが、培ってきた自己とは過去であって、いまに存在しない幻影だ。韓氏意拳の求める能力は体認によって「いま・ここ」に起きている新しい事柄について知ることである以上、両者の生に対する姿勢は相容れない。

体認とは未知の把握であり、体認は体認としては認識できない。未知を認識してしまっては縮小された既知にしかならない。

だから、動きを再現するのでも、動きに注目するのでもない。感覚を求めるのでも、感覚を維持するのでもない。正しさや慎重さを求めるのでもない。また脳で自分を動かすよう命令するのでもない。意念で動くのでもない。ただ動く。ただ直接的に自分を表現する。体認を得る手段は直接的な自分の表現、つまりただ自分が行う＝做自己である。

ただの自分のいる場所

「ライオンがシマウマを襲う関係においては、ライオンは主動的でもシマウマは受動的です。シマウマは自ら食べられることに主動的なわけではありません。けれどシマウマは他の生物を主動的に食べ、他の生物はやがてライオンを食べます。ライオンとシマウマの関係において、主動性はライオンにあっても、総体的に見ると主動性は関係において変わります。全体の中で主体的存在が主動的に働いていくわけですが、自然における主体的存在の関係性を原理原則と呼んでいい。しかし、その原理原則は確認することはできません。わずかに体認できるのみです」と光岡師は話す。

自然界は弱肉強食であるが、これは食べる・食べられるという相対関係をただ表しているだけで、ライオンが常に強い定位置にいることを指さないし、ライオンもハイエナに食べられる。食べる側が主体的になって初めて食べられる側が発生する。弱肉強食という関係性が確認できるのに、「原理原則は確認することはできない」とはどういうことか。それを問う中で「ただ自分が行うのみ＝做自己」とは何かを示す道筋があると思う。

食べる・食べられるという関係は厳然とあるが、流動しつづける世界の中で自己をその関係のどちらか一方の常に置くことはできない。というのも、生きているものは常に変わるのだし、常に変わらない位置にあることは誰にもできない。変わらないのは生きていない、つまり死んでいることになる。そして、死でさえも実は変化の中にあり、ただ、それはより大きな変化を指しているのではないか。

誰も定位に存在することはできない。この原理原則を「確認はできないが、わずかに体認することはできる」とすれば、このような意味になるだろう。自然界において固定した立場を取ることはできないが、ただ主体的であることはできる。ここで言う「主体的」とは、ただの自分の行い＝做自己でしかありえないということだ。

変転する世界の中で定位を保てないからといって、それは運命に翻弄されることをただちに意味しない。生は定位に居続けるか、翻弄されるかといった両極に還元されるほど単純ではないはずだ。

もし運命を翻弄として把握するなら、それは「主体的に食べられることを望む」ということになり、自然界においては不自然な生き方になるだろう。常に同じ場所に留まろうとするのも同様に不自然だ。不自然とは自然に逆行することだ。本来はあり得ないことがあり得るとしたら、それは思考の内においてだけだ。

変化し続けるとは、「いまの先はわからない」という生の当たり前の事実であって、そうした世界で主体的であるとは、どういう状況であっても「可能性を生きる」ことを指すだろう。可能性とは未知でもあり、未知とは新たなことなのだから、過去を参照して判断することはできない。

過去に得た認識によって名づけられない事態の不可能さを前にしたとき、人はそれを絶望と呼んでしまう。

だが、そうではないはずだ。「名づけることができない」という不可能性は、可能性を示唆している。というのは、名づける行為の外に未知は広がるのだし、そもそもそれを名づける必要など本当はないからだ。

くり返せば、未知とは、可能性の別称である。わからないことが、わからないにもかかわらず、この先の運動の最中に展開し、次々と生起してくるのだから。それは予想を越えた働きであり、だから不可能性とは可能性に他ならない。

「この先の運動」を人は生活と呼ぶ。いま生きていることは認識に還元できない。だから人は生きるのだ。

知り得ないことは、絶望ではない。認識や実感が得られないことは絶望を意味しない。それらを得ることは、希望でも絶望でもない。それらは求めるべき答えではない。それらは未知に向けられたヒントであり問いなのだ。韓氏意拳で求めるべきは答えではなく、真、すなわち原理原則を尋ねることだ。

「原理原則、つまり自然は一であり万でもあります。なぜならそれは比較対象のできない存在だからです。だから、ただの主体である自分に善悪、是非、正邪はありません」

一であり万とは、自然、原理原則は普遍性であり、普遍性とは、あらゆる事柄に共通する事柄である以上、たったひとつの存在、一者だ。

一方で自然は自然の数だけ存在する多様性を持つ。一者であり万とはそういうことだ。一者はそれ以上分割できないから一者であり、万とは無限なのだから、どちらも同じく認識し、比較することができない。認識も分別もできない自然を知るには、ただ体認するほかない。

「可能性とは、主体があり、自然の働きが存在する主動的な領域からのみ生まれます。しかし、注意しないといけないのは、ただ流れに任せ、放任放鬆することを自然と勘違いしてしまうことです。また、ただマジメに専念すればいいと考えている人も多いのですが、そうすればいいわけでもありません。なぜなら、マジメさの前に問われるべきことは、何に対してマジメなのか？　です。

マジメに学校へ行き、仕事をし、稽古しても、マジメに人を騙し、犯罪を実行し、人を殺してしまうこともあります。聖戦と称して争っている人たちはきわめてマジメでしょう。マジメ自体は善悪、是非、正誤を規定する要素にはならないということです。だから、何かを基準にしてマジメであることを自分に課すのではなく、自分とは何か？　という問いに自らを置くことが主体である自己を可能性へと導いてくれるのではないでしょうか」

「意拳是平常的拳　不是非常的拳」という句が示すように、意拳は平常の拳術であって、特別な自分を仕立てるものではない。日々を送る様が站樁の状態でもあり、戦う状態でもある。これは站樁の技撃樁の形をつくって戦うことを意味しないし、いかにも勇猛な様子を装って戦うことでもない。

平常の拳とは非常の拳ではない。特別に自分を動かしたり、自分の身体の部分同士の動きの関係性に注目する必要がない。ただ直接的に一形一意で表現することが主動性であり、主体性である。

まじめさとは自主的に見えて、自分に義務を負わせることであり、理想を抱いて、自分をそこに向かわせようと追い立てることでもある。光岡師は言う。

「人はわずかの階段を上がるにも、それを目標に置いて歩こうとした途端、義務感を感じます。自分で自分に義務を課すそのとき、主体性は失われます。〝何とか対処しよう〟と思えば、主体性は損なわれます。千変万化の動きは主体性にしかありません。自分で自分を追いかける必要はありません。理想は自分を潰します」

運動の最中に、「こうしなければいけない」という義務感あるいは「正しく動かないといけない」という理想に駆られて動けば、いまのいまから外れた動きにしかならず、主体性は消える。主体性が損なわれた瞬間、体認は消える。いまのいまに予測を挟む余地はない。

これ以上、進むことのできない壁に立ち、前へ進まなくてはならない。どうすればよいか答えよ。そんな禅の公案があるという。考え込めば、おそらく喝《かつ》の大音声《だいおんじょう》が響くだろう。

前へ進むなら、ただ前へ進むだけでいい。左あるいは右へ半転すれば一歩を歩むことができる。

「ちょっと考えてみればわかることだ。たんなる頓智《とんち》だ」などと侮ってはいけない。考えて解くのが公案ではないし、そもそも「前へ進む」という「いま」の行為の中に予測は立ちえない。

自分が自分である限り、自分の身体は誰かのものでなく自分だ。そこから出発しなくては生は始まらない。だから空間を体認すれば、私にとっての前は無限にある。だが自分が自分であることを強調し過ぎると、主体性は失せ、壁しか見えなくなり、壁の前に立ちふさがることになる。

この一動は何のためにあるか？

「無欲は大欲に似たり」という諺がある。かなえることができないくらい、あまりに広大で無際限な欲望を抱くことは、その無際限さゆえに欲がないことに等しい。以前、そう解釈していたが、どこかしっくりこない感じを持っていた。大欲を貪欲と理解していたため辻褄があわなかったのだ。

大欲とは、あえて望み、欲望し、手を伸ばすことではないだろう。特別に望まない。つまりは欲望が焦点化されないからこそ、すべてを包み込むことができる。望むことがないから、かなえることができる。そういうふうに「主体的である」ことが恐らく重要なのだ。

あらゆるメディアを通じて「自己責任で人生を切り開く」といった自意識を基点にすることとの正当性を叩き込まれている現代人には、上記のようなことは、道徳家の戯言に聞こえるだろう。

欲望をかなえることが正しいとされる世のありようでは、他人の欲望を欲望することであれ、欲望を抱くことは正しいとされる。それをかなえるべく努力せよ。それが一般的な見解になっている。とはいっても、時代の風潮と同衾《どうきん》することが生きることのすべてではない。

何かを欲するとは、欲した対象に囚われ、外部に寄りかかることでもある。囚われたものを手に入れても、得るものは飢餓感であることも多い。なぜならそれを手に入れた瞬間、自己に満足していないという現状が明らかになるだけだからだ。

望むことはなく、望まれることで、それを手に入れる。というよりも、手に入れるとも思わないことで、結果として手に入れることができるのではないか。そこに自意識の痕跡はない。

これは成功の法則ではないし、因果関係に法則を見出し、標準化した時点で罠に陥る。そもそも、あえて手に入れようとも思わない「私」は状態として存在するばかりで、法則として実体化できるような根拠はそこにはない。事実、「私」という存在は誰も確定できない。

あらゆる状況で主体的であろうとするならば、「私」がないときに初めて状況に囚われないで歩むことができるだろう。だが、歩みは私が存在しないことには始まらない。私がないとも在るともいえないとき、主体性は存在するのではないか。

欲望がないから状況に限定されない。望まないから望まれる。虚ろだからこそすべてを受け入れられる。これらは逆接ではなく、おそらくは順接だ。ここで問われている主体性は、それを標準にして固定的にとらえ再現しようとする思考の中には存在しない。ただ生の表現に現れる。

「この一動は何のためにあるか」とは王鄭齋の言葉だ。これは恐らくは主体性を問うている。唱えれば何かの結果をもたらす呪文ではない。しかも、「この一動」について考えるための言葉ではなく、一動を正しく行うことを促すための言葉でもないだろう。口にすれば何かがかなう言葉ではなく、これはOpen Sesame!であり、脚下照顧《きゃっかしょうこ》であり、つまりは扉を開く鍵の在り処を指す言葉だろう。その語ろうとする言葉の概念を知ることが重要なのだろう。

知るとは、「自分は何について知ろうとするのか」を知ることで、だから「何のためにあるか」という王の問いを結論として反芻するのではなく、「何のためにあるか?」と自己の内への問いを、外に、世界に向けて自己を通じて表すことが知ることになる。つまり体認とはこの上ない真実への問いかけであり表現だ。

一歩前へ踏み出す足の向かう先は、知を得ることではなく、既知を捨てる中、認識ではなく体認によって明らかになる。

自分の中に原理原則は存在する。自己が存在する限り原理原則はある。それを知ることが意拳であり、意拳が新たな流派の名称ではないというのは、そういうことだろう。

意拳はあくまで自己の開放を目指す

「相手と接触しても、正しく行おうとすることは、ただ行うことにおいて無駄な力でしかないのです。働きは自己の中に存在するのですから、自分で自分を動かそう、勢いをつけようという隙間を自己につくる必要はまったくありません。ぶつかっても、どこまでも開放する！」と光岡師は言う。

相手と接触し、抵抗を感じる瞬間、それは言外に「それがお前の実力だ。それがお前の限界だ」と決めつけられることでもある。だが、自分に向けて、その言葉を唱える必要はない。「限定されようとしたら、取り合わない。可能性に注目する。井の中の蛙は大海を知らないのだから、限定されようとするなら、それに取り合わず、ますます自由でなくてはならない」

相手と拳を交える瞬間、何も頼ることができない、すがるものがない。そのとき気づくのは、自分はこれ以外何もないことで、「これ以外ない」とは、これ以上もこれ以下のこともできないということだ。

いま存在している自分は、たったいまできる以上のことはできない。たったいま存在するのは、ただの自分だけで、そこでは「どうすればいいか？」ではなく、「こうする！」しかない。

誰しもが自分の弱点を持っている。それとの向き合い方は人それぞれだ。決して損なわれることのない、確固としたものを手にしたいと望み、それを必勝不敗のセオリーというのなら、それは弱点を敵とみなして排除することで得られはしない。

不敗とは、自身と和解することにあるのではないか。これは克己心《こっきしん》という精神論では得られないだろう。和解とは、ただの自分になることであり、そのことによって円満さがもたらされるのであれば、その自己には綻びがない。そこに問題も善悪も是非も付け入る余地はない。

大人になると、「ただそうある」ことができなくて、「そうあらねばならない」ことを一人前の態度だと思うようになる。はたしてそれは成熟と呼べるだろうか。というよりも、分別の枠の外に分類されることのない世界は「ただそうある」ものとして存在するのなら、「そうあらねばならない」とは、世界に対し目を閉ざすことでしかないのではないか。

道家に傾倒したことで知られる唐代の詩人、李白《りはく》はこう詠んだ。

「山中答俗人」

問余何意棲碧山
笑而不答心自閑
桃花流水杳然去
別有天地非人間

あなたは私に問う、「どんな気持ちでこの緑深い山の中に住んでいるのか」と。
私は笑うだけで答えないが、心はおのずとしずかでのびやかだ。
桃の花が流れる水に散りかかり、はるか遠くに去ってゆく。
ここにこそ、俗世間とは違った別天地があるのだ。

三句と四句は陶淵明《とうえんめい》の「桃花源記」、いわゆる桃源郷の話を下地にしていても、この詩はそれ以上の事柄を物語っているようだ。

分別とは長い短い、高い低い、遅い早いといった相対的な価値で世界を区切り、社会の、つまり俗世間の範疇を決める上で必要だが、やがてそれが単なる物の見方、目安であることを忘れ、それが現実そのものだと思い、こだわり、それらをめぐって相争い、また自分で自分を縛りもする。

「私は笑うだけで答えないが、心はおのずとしずかでのびやかだ」とは、「これが現実だ」と目を奪われがちになるその先にこそ別天地、つまり世界は開けることを示唆してはいないだろうか。

流れる桃の花は、何にも取り合うことなくただ流れ、あるときを境に視界から消失するが、ただ流れ続けていることには変わりない。

「ただそうある」ことに「そうあらねばならない」理屈は見いだせない。しかし、「そうある」ことは間違いなく起きている。一方で「ただそうある」ことに「こうすればそうなる」という因果関係は見当たらない。

「物理の法則が適用される世界では、因果は必然です。しかし、そこには多様性があります」

そう韓競辰師が話したことがある。それを聞いた私は「必然的であり相対的とはどういう意味か？」と訝《いぶか》ったものの、ハッとしたのは一撃で勝敗が決まる瞬間は、絶対的であり必然であるが、その瞬間は両者がいないと成立しないと気づいたからだ。つまりその瞬間、この上ない必然性は相対的に生まれる。

その瞬間には「それ」しかない。それは関係という相対的な作用がある以上、偶然でもある。「そんなことは偶然だから考える必要がない」と片付けてしまう前に、ただ素直に感じ取れば、こういうふうに言えるのではないか。絶対的だけど相対的、必然だけど偶然。そのふたつをつなぐ「だけど」を自由と呼ぶのだと。自由は現すものではなく、現れるものではないか。それが自由の面目ではないか。

「アインシュタインの提示した世界観によれば、たとえペン一本を動かしただけでも空間が歪みます。ペンがそこに置かれて在るのは偶然でも、そこに在るという事実は必然です」と光岡師は言う。

けれど空間が歪むということは、「そこにしか」あり得なかったということだろう。大量生産された凡庸に見えるペンであっても、ただそこに在るものは、そこに在るだけで、取り替えの利かないものであり、そこにしかあり得ない存在だった。それが原理原則、セオリーではないか。それは観察したり、記述したりする中に現れなく、ただ存在するという営みに現れる。

ただの営みとは、ただ平常を生きることだ。無理に誰かが心臓を動かしているわけでなく、心臓はただ鼓動している。主導的に生きること以外の生はありえない。「いま」の「いま」は「たったいま」にしか存在しえない。「いま」には、ただの自分しか存在しえない。だから絶対的であり、限りなく自由なのではないか。

いま起きるべきときに起きることが、ただ起きる。確認できる程度の事柄が現実ではなく、世界がたったいまありありと姿を表すから、現実なのであって、それは、根拠という事後的な判断では追い付かない。なぜならいま起きている出来事が世界なのだから。

「生命は自分の想像した通りのものではありません。ただ、世界はいつも変わらない姿であります。自分が思うものをそこに探しても何も得ることはできません。人は同じ川を二度渡ることがないからです。あのとき感じた感覚はなく、あるのはいまだけです。世界にあるのは、常に初めてのことです」

だから、と韓競辰師は言葉を続ける。

「放開自己（自分を解き放ちなさい）。相信自己（自分を信じなさい）。なぜなら私は師である父からこのように聞きました。〝意拳とは生命の学である〟と」

巻末対談

私たちはどこへ戻ればよいのか

感覚と感性を巡って

光岡英稔×尹雄大

尹　『ＦＬＯＷ』が出版されたのは、二〇〇六年です。あれから一一年経ちました。当時と比べての変化でいえば、まず思い浮かべることはなんでしょうか？

光岡　感覚に対する理解が変わりました。あの頃は感覚について、「いい感覚をくり返そうとしない。感覚は再現されない」という話をしていました。この数年は体を観ていく稽古に重きを置いています。そこから感覚がくり返されない理由が以前に増して明確になり、〝類似する感覚〟はあれど「感覚は他者である」ということが観えて来ました。

尹　私の感じたことが私ではなく、他者である。なかなか理解しづらい話です。

光岡　たとえば、自分が感じていることについて誰かと話す際を考えてみます。日本語では「私の感じ～」、中国語では「我的感覚」、英語では「my feeling」と表します。またフランス語では「ma sensation」ペルシア語だと「ehsas e man」と言います。

これらに共通して見られるのは、「私の」といった表現からわかるように「感覚は私に所有されている何か」であることです。「私のペン」や「my pen」「我的筆」と同じく、感覚に対し所有格が用いられ、「感覚は自分ではない」ということを示しています。つまり、私たちは無自覚にも、「感覚は他者である」と気づいているのです。

尹　言語表現では「〝私が感覚〟ではない」ことは示されている。とはいえ、「私の感覚」が他者であるとは、それこそ感覚的には頷き難いところがあります。

光岡　様々な文化圏で生じた言語において「感覚が自分ではない」ことを示しているからには、誰しもが「感覚が他者である」ことを潜在的にはわかっているのでしょう。クシリュナムルティがしきりに「観察者としての私」と「観察されている私」の話をしているのは、そういうことを言いたかったのかもしれません。また、私が強く影響を受けている身体教育研究所の野口裕之先生は、そのことを「内観的身体」と言われてます。

私たちが何かを感じている時に「〝このような感覚〟＝観察されている私」と「その感覚を観ている私＝観察者としての私」がいます。この「観察者として観ている当事者」がどこにいるかについて、私たちはわかりません。

しかし、観ている当事者は明らかにいるわけです。どこかを経由して観察は起こり得るにしても、観察者がどこにいるかについては、そこは実態も感覚も無いので理屈ではわかりません。

尹　感覚というものが私ではないとしても、感覚が自分のアイデンティティになってしまう。それも人間という生き物の特徴です。内に感じている私こそが「私」である。内在する他者である「私」こそが本当の自分である。こういう感じ方をしがちです。だからこそ懊悩や葛藤も生まれるわけです。

光岡　ほとんどの人間が潜在的には感覚を「内在する他者」とみなしてます。また、「こう感じた私こそが私である」「この感覚に従った私こそが私らしい」と感じ、思っている人がほとんどであることは確かです。またそれも断片的な事実ではあります。

しかしながら「感じていること」や「感覚」は私たちにとって結果でしかありません。私たちが感覚と呼んでいることは、いくら刹那的であろうとも、あくまで「感覚後」の世界の話です。

尹 どれほど「たったいま」に感じたことであっても、たしかにいまは過ぎています。

光岡 ここまでは以前にも話していた通りです。この一〇年間に感覚前の身体観、つまり感覚がそもそもどこからやって来たのかがだんだんとわかってきました。

現代人は外界に対する本能的な反応や反射を感覚だと理解しています。それは近代に生じた西洋医学の五感の反応や反射に基づく感覚の捉え方です。

つまり、多くは外部刺激に対する本能的な反応や反射を感覚としています。この五感をベースに感じたことは「共感領域」の感覚のことであり、これも先述した「結果として感じた世界」のことです。それを探っても、かなり抽象化されたアバウトなものにしか行き着きません。ここで感覚を「共感領域の感覚」と「個人の感覚領域」に分けて考えてみます。

たとえば、「辛いカレー」を食べたとき、私たちは「辛いカレーですね」と他者に共感を示せます。その共感領域から「感覚とは何か?」について検討していくとき、個人の感覚領域で「それがどう感じられているか?」は不問に付されます。

けれども私たちが本当に知りたいのは、共感領域のことではなく個人領域の感覚です。その経験が「自分にとってどの様な感じがするのか、しているのか、したのか」と言ったことです。私たちは「なぜ私がそう感じているのか?」に関心があるわけです。

個人領域の感覚を掘り下げていくと、個体差が出て来ます。みんなで同じ激辛カレーを食べている際、辛さに多少強い人は「少し辛い」と感じ、普段から辛いものばかり食べている人は好みの味に感じます。まったく辛いものが食べられない人は、「これは人が食べられる物ではない!」と言います。この三人の感覚経験のうち「どの感覚が正しいか?」「このカレーは辛いのか/辛くないのか、食べられるのか/食べられないか?」を客観的事実として求められるでしょうか? このカレーに対する客観的事実を求めた瞬間、それは成立しなくなります。

自分を含む誰かの経験、感覚、主観抜きの客観的事実などはないのです。ここを踏まえると、次に出てくるのは、「なぜ私はこのように感じるのか」という個人の感覚が生じる源、すなわち「感覚前」もしくは「感覚源」の話です。

尹 主観抜きに事実を検証していくことが客観的である。この物語が信じられることによって、私たちの社会は成り立っています。共感領域の「他の誰かにとっての事実」が「私の事実」であるという理解の仕方は、実は自分に対しても向けられているのではないでしょうか。感覚された「内在する他者」こそが「私である」といったように、私が私に共感を示す。そのことでアイデンティティ（自己の存在証明）を獲得するのかもしれません。

光岡　人間はなんでもアイデンティティにしてしまえるところがあります。しかし、個人の中でアイデンティティをアイデンティファイ（認証、証明）している私がいるわけですから、アイデンティティも「内在する他者」でしかありえません。

要は、「私のアインデンティィ」を「観察者としての私」が見出し、その感覚経験と自分を結びつけ同一視し、所有しようとします。しかも感覚の伴わないアイデンティティは存在しません。したがって、それがバーチャルな体験であっても、それにふさわしいバーチャルな感覚が生まれます。

また、人間はあらゆる感覚経験をアイデンティティにしてしまえるので、痛みでさえアイデンティティにできます。その場合、痛みが自分の存在意義や存在証明と直結しているので、当人はなぜかわからないけれど痛みを取って置きたがるのです。そういう意味で経験と癒着している強い感覚は再現されやすく、自らのアイデンティティを構築するベースにもなります。

尹　確かに人は過去に負った傷をくり返し反芻し、自分というものの輪郭を作ろうとします。

それにしてもアイデンティティという自己に同一性を求めるコンセプトが広く行き渡り始めたのは、近代に入ってからのことでしょう。「感じている私」という他者を私とみなしていく自己への迫り方は、やはり結果から結果を求めることにしかなりません。しかも、それを言語で理解しようとすると、必ず共感領域に訴えられる論理に回収されるのではないかと思います。

光岡　それは言語は無論のこと、言葉や文字に限らずあらゆる行為に言えることです。これは良し悪しや正誤でなく、私にとって絶対的に感じる感覚でさえも絶対ではない。共感領域のように他と確認の取り合える感覚でさえも絶対的ではないと言っているだけです。

しかし、その限られた「感覚」と言う媒体を通じてしか人は何かを経験し、知り、習得し、身に付けることができないことも確かです。

言葉の里帰りと幼児化

光岡　言語的理解の問題について言えば、「言葉＝論理」ではないことをわきまえておく必要があると思います。論理を構築するためには、言葉を主とし論理を客とする主客・先後の関係が必要です。したがって「言葉＝論理」ではありません。

言葉の定義を言語の発生から見ると、ピジン語の発生がそうであるように、論理性のないところから言葉は生じました。意味の共有がされてない言語を用い、コミュニケーションをとっていく。それが私たち人間のもともとの言葉のあり方です。

そういう意味でSNSは象徴的です。世界を瞬時に繋げるツールのSNSで飛び交う言説を見て感じることがあります。それは人間の言葉は論理性のない方向へ、いわば里帰りをしようとしているのではないか？　と言うことです。

尹　論理的に考えれば、矛盾していることを堂々と言い、しかも省察を加えない言葉が溢れています。論理を伴わない言葉。それが里帰りでしょうか？

光岡　原点の言葉の感性に戻ろうとしている傾向を感じます。論理性はなくともそれなりに意味が通じるのは、ピジン語がそうであるように原初から言語が持っている特徴だと思います。もともと言語は抽象度が非常に高いところから具体化へと向かいます。それは常に語っている当人が極めて個人的な表現に戻る傾向があるからです。

要するに人間は〝バブバブ〟や〝マンマ〟、〝アー〟など当人にしかわからない言葉で皆に自分の意図や気持ちを伝えたいし、わかって欲しい気持ちが常にあるので、互いが「口に出さなくても気づけよ」という態度になってくるわけです。そういう人に限って「赤ちゃん化」や「幼児化」しているにもかかわらず、自分は気づけていない。他人事ではありませんが（笑）。

ピジン語だと子供が喋るように、本人にわかる言葉でありさえすればよくて、あとは身近な周囲と話しながら意味を構築して行きます。多くの人間との間で意味の共有を図ることは二の次です。

かつて言葉を用いる上で概念化を進める必要があまりなかったのは、規模の小さい共同体の中でわかり合えればよかったからです。ある部族が住む集落で「川」といえば、みんなが知っている川で、特定の名前を付ける必要もない。言葉にはその様な原点があります。現代人の言葉の里帰りは、情報や知識がオーバーフローしているからこそ生じており、それが幼児化や赤ちゃん化を推し進めているのではないかとも感じられます。

人間は太古から原点にある本能や直感などは何も変わっていないでしょう。ただ環境で身につけた感性や感受性があまりに違うので、発揮のされ方も異なります。閉ざされた一〇〇人余りの村で生まれ育った人の感性と、スマートフォンを使い、パソコンやテレビを見ながら世界中の情報と繋がっている社会形態で培われた人の感性はまったく違います。

現代はかつてないほど情報があふれています。その上、情報の多様化により社会構造がますます複雑さを増しています。それと向き合いたくないため、人の内面に物事を簡略化させようとする働きが自然と生まれます。それが内面の幼児化を促進させています。

尹　社会の行く末について詳細に述べた言葉よりも、根拠のない断言、正誤は問わず痛快でさえあればいい。そういう言葉が拍手喝采を浴びる傾向は、日本のみならず欧米でも見られます。以前ならデマゴーグとして排斥されたはずの人物が政治家として支持されています。

光岡　そのような言説や人物への同調や共感がどこから発生するかといえば、やはり情報のオーバーフローから回避しようとする人の本能による幼児化でしょう。野生へ戻りたくなる衝動にも似ています。

尹　幼児化の根底には、世界を必要以上に複雑にしたり拡大したくない。そういう人間の「里帰りしたい気持ち」があるのではないかという指摘がありました。そうした原点に戻りたがる衝動は、私たちはなぜ生まれたのか。どこからやって来たのか。解き明かせない謎だとしても、それを知りたいという人の願いとも繋がっている気がします。

光岡　時代が進めば進むほど「これまで」という時間の積み重ねは増し、それだけ「かつて」に遡ろうとする衝動は強まります。そういう意味では、私たちの身体はより前の時代に戻りたがっているのだと思います。

けれども、頭と身体感覚が今の時代の価値観に染められ洗脳されているため、人は以前に増して経験的に自分の身体のことがわからなくなっており、感覚や感受性も現代社会という環境の中で養われた感性や感受性に引っ張られてしまいます。だからこそ自分への戻り方がわからず、稚拙な表現をしてしまう。

尹　潜在的に求めているという衝動をどこに見て取っていますか？

光岡　たとえば、国策を練る立場にいる人が「伝統文化を大切にしましょう」「伝統回帰しなければ」と伝統や文化が何かわからないのにしきりに回帰することを言います。潜在的に「よくわからないけれど、そちらに行かないといけない」という思いがあるからでしょう。

尹　伝統の内実とは何かを把握しておかなければ、現代人の感性で迂闊に伝統を捉えてしまいます。それでは思弁や空想の域を超えません。

光岡　遡ったところにある伝統文化のさらなるルーツの古代を目にしたとき、私たらはそれをインテリジェンスとは思わないわけです。たとえば、多くの人が「石器づくり」や「火起こし」、「古の武術」を見て、「原始的な技術だ」と捉えてしまいます。もしくは私たちにできないか、理解できない技術に関しては神秘現象にしてしまう傾向もあります。

個人が今の自分や他人の考えを規範にして古を見るように、社会全体も現状の価値観でかつてのことを捉えます。「昔の人は凄かった」と実話をファンタジーとして受け取る。「本当は今の私たちの方が凄いんじゃないか？」「昔の話は本当は嘘じゃないか？」といったように、現状の経験にもとづいた自己肯定から過去を理解しようとします。無論、武術に対してもそうです。それらの行為や技術を古代から伝わる「最先端のインテリジェンス」と見なすところからスタートすることはありません。

わかりやすい例で言うと、空手は一昔前ならドラマや漫画の影響で、柔道の敵役だとか乱暴なイメージがありました。一九七〇年代からの格闘技ブームで知名度や認知度が上がり、いまやオリンピックの正式種目になることで社会のお墨付きを公にもらいました。そういう影響から親が子供に習わせたがるようにもなっています。

しかしながら、それでも空手の稽古がインテリジェンスを磨くことだと思って通わせる親はいないでしょう。それがいまの社会の価値観というものです。本当に空手などの型を成立させるにはインテリジェンスが必要で、感性と知性を総動員しないとできないようなっています。しかし、武術はそういう風には見られない。

昔の武術家は、将軍家や藩お抱えの指南役に就いたわけです。すぐに争ったり戦争を始めるような愚か者は論外で、常に戦えるけれどすぐには争わない。そうした実力とインテリジェンスを兼ね備えた人を雇ったわけです。武術に対するそのような見方がなくなったのは、知と体を分け始めた明治以降のことでしょう。そこから体と徳、知と行いも無論わかれてしまった。

尹 伝統的な武術といっても、あんがい戦前の軍国主義や精神主義の影響を免れているものは少ないように思います。それぞれの流派が生まれた初源の身体性に戻るには、やはり身体をどう観るかが問われます。現代人の感性で捉えては、観念的な身体にしか行き着かないわけですから。

光岡　かつてに戻るにあたっては、けっこう身体深くにある土着感は大事な要素かもしれません。古い抜刀術である林崎流は趺踞《ふきょ》からの抜刀を行います。地面に近い土着感があります。しかしながら多くの日本の武術は、長年の歴史の中で洗練されており、危ない技はあっても野生的な野蛮さはあまり感じられません。

ところがフィリピンやインドネシアなど東南アジアの武術だと、中には部族的というか動きに野生的な土の臭いが感じられます。そこを私はリスペクトして「土人文化」と呼びたい。「土人」の方が現代人より知性が溢れていると思うからです。中国の古典思想などにおいても「土」が火水木金の中央に置かれ、他を繋ぐ役割りをする重要な位置に置かれています。原始から今に至って、いまだに私たちは土地からの恵みで生きています。

尹　思考が形而上に向かう、いわば天を目指しがちな人間ですが、本来は土の人であり、地の人です。私たちが太古の時代、土に近い生活をしていた頃、言語から所作からあらゆることは地の理や必然性を超えず、観念をあまり必要としなかったはずです。

光岡　しかし、人間は観念を逞しくする術を身につけてしまい、それをいまから手放すことはできません。身体でさえも実の伴わないイメージを通じて見るようになり、それを自身のアイデンティティだと理解することにまったく疑いを持たなくなっています。

確かに昔から変わらず九孔と四肢胴頭としての身体はあります。しかし、外見上は大まか同じ身体であっても、感性、感受性、身体観、身体性は時代背景や文化背景によって変わっています。私たちは決してかつてと同じものを観てはいないのです。自分に対する観方が変わらなければ、観えてこない身体観があります。なぜ観えないかというと感じ取り方そのものを私たちは無自覚に自己規定しているからです。そこが変わらない限り、本質的な観方は変わらない。

尹 感じ取り方を変えるのは、感覚的にはできない？

光岡 必ず無自覚に自己規定している感覚が介入することになります。その自己規定がある以上は感覚が変わることはありません。そこが感覚のトラップです。認識ならまだ経験的に変えられますが、自己規定されている感覚は自分のアイデンティティになっており、概念化したアイデンティティは個人のベースになっています。そのベースとなるアイデンティティが「自分ではないかも？」と捉える目を持つのは難しい。

感覚や感受性を大切にしている人は意外と自己規定した感覚に定位しています。たとえば職人は「絶対にこうだ」みたいな感覚への確信があります。それは断片的には本当ですし、また職人や技術者の場合、「自分の感じ」とでき上がるものや技術に繋がる経験があるからより絶対的に感じるでしょう。それはそれで成立するのかもしれません。ただ、いくつも前の代の技が知りたいといった、今の自分の身体性や感覚にないものを求めていくとなると、無自覚にも自己規定している感覚がその理解の邪魔をするので難しくなるでしょう。

尹　世は混迷を深めていくでしょう。言葉が里帰りに向かうとしても、安易な幼児化に進まないためには、個人の領域で物事が「どう感じられているか？」と徹底して問うていくしかないように思います。

光岡　自分の中に、今の自分にはない価値観をどんどん見出していくしかない。それは簡単なことではありません。自分で見出すほかないのは、基本的に人は教えられたくないし、教わりたくないという、自分で摑んで発見したいと言うオリジナル願望が本能的にあるからです。

しかし、同時に私たちは今までに持ったことのない目で世の中を見たがるものです。そうであれば、やはり他者を通じて内省し内なる観察者の目を磨き、自分なりの自他の観方や捉え方を自得していくしかないのではないかと思います。

おわりに

再版にあたり改めて原稿を読み返した。当時の物事の感じ方は自分の中に見当たらず、読み進めるに従い、親しかったはずだが、今は疎遠になった友人について思い返すような気持ちになった。

本題でもくり返し触れているように生きるとは運動であるならば、ことさら変わることを恐れなくてもいいのだろう。そして死でさえも生きている側からはっきりと見えないにせよ、ひとつの変化なのだろう。二〇〇六年に『FLOW』を出版していただいた冬弓舎の内浦亨さんはもうこの世にはいない。彼もまた変遷の旅路の最中であり、いつかまた違う場所で違うものとして出会うこともあるかもしれない。

変化の中に一貫性があるとしたら、生きるとは何か？　への問いは変わらず持ち続けている。以前よりも解像度は上がったかもしれない。だが謎は深まるばかりだ。それに対してかつてのように分析する言葉で迫るよりも、いかに謎をそれそのものとして書くかに興味が移っている。

世界を脱臼する見方について書くのではなく、脱臼した状態で綴ることに関心がある。何かについて記すのではなく、ただ書くことは可能だろうか。そんなことを考えている。

再版にあたり対談の機会を頂戴した光岡英稔師、写真撮影に協力いただいた内田秀樹師、晶文社の江坂祐輔さん、推薦文をいただいた甲野善紀先生、内田樹先生、そして赤坂真理さんに心から感謝を申し上げたい。

二〇一七年一月吉日

尹雄大

参考文献

『時は流れず』大森荘蔵、青土社
『時間と自我』大森荘蔵、青土社
『無の哲学』福岡正信、春秋社
『自然に還る』福岡正信、春秋社
『死と身体』内田樹、医学書院
『武学探究』光岡英稔／甲野善紀、冬弓舎
『世界を肯定する哲学』保坂和志、ちくま新書
『意識とはなにか』茂木健一郎、ちくま新書
『からだを読む』養老孟司、ちくま新書
『意識と本質』井筒俊彦、岩波文庫
『李白詩選』松浦友久編訳、岩波文庫
『荘子』金谷治訳、岩波文庫

『存在と時間』マルティン・ハイデガー、岩波文庫
『正法眼蔵』増谷文雄訳、講談社学術文庫
『空の思想史』立川武蔵、講談者学術文庫
『老子』小川環樹訳、中公文庫
『「量子論」を楽しむ本』佐藤勝彦、ＰＨＰ文庫
『実戦中国拳法　太気拳』沢井健一、日貿出版
『拳聖 沢井健一先生』佐藤嘉道、気天舎
『驚異の意念パワー 站椿』久保勇人、気天舎
『意拳入門』孫立、ベースボールマガジン社
『意拳・大成拳創始人王薌齋伝』竇世明・孫立編、ベースボールマガジン社
『生きること、闘うこと 太気拳の教え』岩間統正、ゴマブックス
『沢井健一の遺産――太気拳で挑む』高木康嗣、福昌堂
『太気拳の扉』天野敏、ＢＡＢジャパン出版局

解説

韓氏意拳は身体のマニュアル化に抗う

甲野善紀（松聲館主・武術研究者）

本書の著者、尹雄大氏を知ったのは、一八年ほど前であろうか。当時キックボクシングをされていた尹氏は、私に何かで関心を持たれて訪ねて来られた。以来、ご縁ができて一緒に稽古をしたこともあるし、『Number』誌に桑田真澄投手と私との関わりや、『アエラ』誌の「現代の肖像」で私のことを書いていただいたこともあった。

本書『FLOW』のテーマとなっている韓氏意拳の日本の代表者である光岡英稔師範を尹氏に紹介したのも私である。そして本書が冬弓舎から刊行した折、依頼されて私は本書の解説を書いたが、このたび晶文社から新装版が刊行されるにあたって、解説文もそのまま載せたいとの打診を受けた。

もちろん、私に異存はなかったが、冬弓舎の刊行から一〇年以上の年月が経っていて、旧版の解説をそのまま載せるのはためらわれた。ただ、本書の内容の中核はほとんど旧版そのままであるから、この解説文も基本的に変える必要がないことも確かである。しかし、旧版にあった「尹氏の筆力に驚いた」などという記述は、現在の尹氏にはまったくそぐわないので、現在も説得力を持つ部分を次に載せることにした。

（前略）本書は、三択や五択の入試問題や仕事の手続きもマニュアル化されていることが普通になり、そうしたものを覚えることに慣れている現代人にとっては、難解というより「手の付けようがない」と呆然とする人が少なからず出るような本かもしれない。

しかし、心の奥底に「人間とは何なのか」という問いをわずかでも持ち続けている人が本書を読まれたなら（その人が武術に関心があろうがなかろうが）、必ず強い磁力に惹きつけられるように、本書のページを繰ってゆかれるだろう。

武術・武道関係の本には老荘や禅の名言・名句を引用したものが少なからずあるが、そうした老荘や禅の言葉は、その本の装飾や権威づけのための引用であることが多く、その引用に必然性があるものはきわめて少ない。また、「感覚が大切だ」「頭で考えるな」などといった言葉もよく見かけるが、その「大切だという感覚が人を騙す」といったことに関して、詳しい検討を行っているものは、まず読んだことがない。

しかし、本書は著者が韓氏意拳を学び始めて、その深さと妙味を自覚し始めるにしたがい、自然とそうした本に目を通し、自らが変わってゆく過程を綴った本であるだけに、その説得力と真摯な思いが読み手にヒシヒシと伝わってくる。はっきり言って、私は現代に書かれた武術・武道関係の本で、これほど人間の深みについて考えさせられた本は記憶にない。

こうした本の推薦文というのは、通常依頼されて書くものだが（現に依頼されたのだが）、この本に限っては、私が志願してでも書かせていただきたいと思った。

本書が、マニュアル漬けで自分の頭と身体が他人に支配されていることに、何の疑問も持たなくなっている現代日本人の感覚を覚醒させるキッカケの一つとなることを、心から願っている。

この増補新版が旧版と大きく違う点は、旧版では監修者としてのみ名前が出ていただけで、生な声がまったく載っていなかった韓氏意拳の日本の代表者である光岡英稔師範がインタビューを受ける形で巻末に登場されていることだろう。この一〇年間で光岡英稔師範の人間に対する洞察力は数段深くなられていて、その武術を通しての指導力は、ちょっと比肩できる人を思い浮かべることが困難なほどである。

このことは、本書の対談の中で光岡師範が触れられている身体教育研究所の野口裕之所長が光岡師範を非常に高く評価されているところからもわかると思う。野口所長は「人間とは何か」「人間が生み出した文化とは」ということについて、身体というものと関連づけて「これほど深い洞察力を持った人物は他にまったく思い浮ばない」という、私にとっては四〇年来の師であり畏友とも言える存在である。

この私の感想には光岡師範もまったく同感とのことであるが、その野口所長から大きな賛辞を送られている光岡英稔師範が、今後、どのようになられ、これからの社会に何を遺されるのか、それについて将来また、あらためて尹雄大氏に筆を起こしていただきたいと願っている。

なぜなら、尹氏も今回の新装版の「あとがき」で、旧版の時の自分について「当時の物事の感じ方は、もう自分の中に見当たらず、読み進めるに従い、親しかったはずだが、今は疎遠になった友人」というふうに感じられていると書かれていて、さらに生きることへの深まりゆく謎について「かつてのように分析する言葉で迫るよりも、いかに謎をそれそのものとして書くかに興味が移っている」と述懐されているのだから……。

著者について

尹雄大（ユン・ウンデ）
1970年、神戸生まれ。テレビ番組制作会社、出版社を経てライターに。インタビュー原稿やルポルタージュを主に手がける。10代で陽明学の「知行合一」の考えに触れ、心と体の一致をさぐるために柔道や空手、キックボクシングを始める。1999年、武術研究家の甲野善紀氏に出会い、松聲館に入門。2003年、光岡英稔氏に出会い、韓氏意拳を学び始める。
主な著書に『やわらかな言葉と体のレッスン』（春秋社）、『体の知性を取り戻す』（講談社現代新書）、『子どもが語る施設の暮らし』（共著、明石書店）などがある。

増補新版《ぞうほしんぱん》　FLOW《フロー》
――韓氏意拳《かんしいけん》の哲学《てつがく》

2017年3月20日　初版

著　者　尹雄大

監修者　光岡英稔

発行者　株式会社晶文社
東京都千代田区神田神保町1-11　〒101-0051

電　話　03-3518-4940（代表）・4942（編集）

URL　http://www.shobunsha.co.jp

印刷・製本　株式会社太平印刷社

ISBN978-4-7949-6959-0 Printed in Japan